AF636835

zsr VERLAG

Eike Adler

Texas Hold'em
POKER MIT SYSTEM

Ein Lehrbuch über Theorie und Praxis im Online- und Live-Pokerspiel

Band I - Anfänger und Fortgeschrittene

zsr VERLAG

Die Deutsche Bibliothek verzeichnet diese Publikation in der Deutschen Nationalbibliografie; detaillierte bibliografische Daten sind im Internet über http://dnb.ddb.de abrufbar.

Eike Adler

Texas Hold'em - Poker mit System

2. Auflage, zsr Verlag OHG 2007

Copyright © 2007 zsr Verlag OHG, D-26203 Wardenburg

ISBN-13: 978-3-940-75800-2

Dieses Werk, einschließlich aller seiner Teile, ist urheberrechtlich geschützt. Jede Verwertung außerhalb der engen Grenzen des Urheberrechts ist ohne Zustimmung des Verlages oder des Urhebers strafbar. Dies gilt insbesondere für Vervielfältigungen, Übersetzungen und Mikroverfilmungen sowie Einspeicherung und Bearbeitung in elektronischen Systemen. Sämtliche Grafiken und Abbildungen in diesem Buch wurden mit Genemigung der Urheber verwendet.

Inhaltsverzeichnis

Vorwort

Online Poker erfreut sich momentan immer größerer Beliebtheit. Besonders die Tatsache, dass man nicht mehr in ein Spielcasino gehen und dem Gegner in die Augen schauen oder ein „Pokerface“ aufsetzen muss, macht das Online Poker für viele Spieler so reizvoll.

Dieses Buch soll Anfängern den Einstieg in die Welt des Pokers erleichtern und die typischen Anfängerfehler zu vermeiden helfen. Zum anderen soll es auch fortgeschrittenen Spielern taktische Hilfestellungen zur Verbesserung des eigenen Spiels geben. Denn nach wie vor verlieren auch die meisten fortgeschrittenen Spieler ihre Spiele nicht aufgrund von schlechten Karten, sondern aufgrund von Fehlern, die sie sich mit der Zeit angewöhnt haben, bzw. aufgrund von bekannten Basics, die nur z.T. angewendet oder sogar komplett ignoriert werden.

Um genau die Basics von Anfang an richtig zu lernen, beinhaltet dieses Buch neben den theoretischen Ausführungen auch praxisbezogene Lektionen und Übungen zur direkten Anwendung.

„TEXAS HOLD'EM POKER MIT SYSTEM“ soll jedem Pokerspieler dabei helfen, in den Spiegel zu schauen, das eigene Spiel und die eigenen menschlichen Schwächen und Stärken zu erkennen und nach ihnen zu handeln. Denn Poker ist - bei aller Theorie - immer noch ein Spiel, das besonders auch vom inneren Wesen des einzelnen Spielers dominiert wird. Und schließlich geht es neben all dem Spaß immer noch um echtes Geld, das hier gewonnen aber eben auch verloren werden kann!

An dieser Stelle sei noch darauf hingewiesen, dass „TEXAS HOLD'EM POKER MIT SYSTEM“ sich - wie der Name schon sagt - hauptsächlich mit der Spielart Texas Hold'em beschäftigt. Die meisten grundlegenden Dinge treffen zwar auch für andere Pokervarianten (z.B. 7-Card Stud oder Omaha Hold'em) zu, jede Pokervariante hat aber ihre eigenen taktischen Überlegungen und eine andere Psychologie. Jeder Spieler muss auf Dauer für sich die beste Variante finden. Daher wird in diesem Buch nur kurz auf andere Pokervarianten eingegangen, um z.B. den Quereinstieg in Omaha Hold'em zu vereinfachen. Die Basics sind allerdings überall dieselben.

Abschließend noch ein paar Worte zur Form: Es wird in diesem Buch keine zusätzliche weibliche Form benutzt (z.B. „Spielerinnen und Spieler", oder „SpielerInnen" o.ä.), was ausschließlich der Einfachheit halber geschieht. Die erfreulicherweise stetig steigende Anzahl an Mitspielerinnen (Poker ist leider nach wie vor eine recht ausgeprägte Männerdomäne) soll hier nicht vergrault oder unter den Spieltisch gekehrt werden! Die Übersicht und Verständlichkeit des Buches würde nur stark in Mitleidenschaft gezogen, was ich vermeiden möchte. Ich hoffe, die weibliche Leser- und Spielerschaft sieht mir das nach.

Und schließlich sei noch etwas zum Thema „Anglizismus" in der Pokersprache gesagt: Dies ist ein Buch in deutscher Sprache über ein Thema, das extrem stark von englischen Begriffen geprägt ist. Natürlich wäre es möglich, jedes englische Wort durch die deutsche Variante zu ersetzen… Aber das ist in einem Buch über Poker nahezu unmöglich und wäre komplett an der Realität vorbei: zum einen ist es in sämtlichen Medien (Fernsehen, Internet, …) üblich, in diesem Bereich „checken" statt „schieben" o.ä. zu benutzen, und zum anderen würden deutsche Versionen von z.B. „slowplay", „pot odds" oder „Gutshot" („langsam spielen", „Topf Wahrscheinlichkeiten" oder „Bauchschuss") eher komisch in einem Theoriebuch klingen. Ich habe mir daher die Freiheit auch hier genommen, alles so zu benutzen, wie es im Poker Jargon üblich ist, und sowohl „ein Gebot erhöhen" als auch „einen Bet raisen" benutzt. Ich halte dies für die sinnvollste Variante, da man quasi dadurch zweisprachig mit diesem Bereich auswächst und von Anfang an mit sämtlichen Pokerbegriffen vertraut wird. Die häufigen Erklärungen und Nebensätze tragen hoffentlich ein wenig zum zusätzlichen Verständnis bei. Das Glossar am Ende des Buches dürfte die letzten Unklarheiten über die häufigsten Begriffe und Abkürzungen im Poker ausräumen.

Und nun viel Spaß beim Verbessern des eigenen Texas Hold'em Spiels!

Eike Adler

Kapitel 1

Einführung

„Once you start thinking you have nothing left to learn, you have everything to learn."

-- Steve Badget

Einführung in das Online Poker Spiel

Um erfolgreich Poker im Internet spielen zu können, benötigt man ein paar grundlegende Dinge:

1.) einen Rechner
2.) Pokersoftware eines oder mehrerer Internet-Pokeranbieter
3.) evtl. ein Poker-Tagebuch bzw. Statistiksoftware
4.) ein paar Tabellen zur mathematischen Unterstützung
5.) Geld zum Spielen

zu 1.) Pokersoftware benötigt meistens nicht die größte Rechenpower. Aber damit es jedenfalls ansatzweise Spaß macht, sollte es schon mindestens ein Pentium mit 400 MHz aufwärts und 128 MB RAM bei Windows 95 / 98 / ME sein bzw. ein Pentium mit 533 MHz aufwärts und 128 MB RAM bei Windows 2000 / XP.

Wenn nur eine Modem- bzw. ISDN-Verbindung zur Verfügung steht, sollte man möglichst keine andere Internetanwendung parallel zur Pokersoftware laufen haben, da ein Spielabbruch wegen Verbindungsproblemen natürlich immer genau dann passiert, wenn man ein Full House auf der Hand hat!!!

zu 2.) Es gibt mittlerweile jede Menge Online-Pokerräume und es kommen ständig neue hinzu. Auf der begleitenden Internetseite zu diesem Buch **www.poker-mit-system.de** sind die wichtigsten und größten auch noch einmal vorgestellt und erklärt, was die Entscheidung erleichtern dürfte. Software-Beispiele an dieser Stelle des Buches werden am Beispiel von *PartyPoker.com* gemacht. Dies ist einer der bekanntesten und erfolgreichsten Pokerräume mit den meisten Spielern weltweit. Grundsätzlich ist es aber egal, welchen Online-Pokeranbieter man nimmt! Sehr viele Spieler sind auch auf mehreren Seiten gleichzeitig registriert.

zu 3.) Dafür reicht eine einfache Tabelle (z.B. Excel), ein kleines Büchlein (z.B. ein DIN A5 Hausaufgaben Heft aus dem Schreibwarenhandel) oder loses Schmierpapier aus. Die letzte Variante sollte allerdings nur als Übergangslösung herhalten. Langfristig wird ein guter Spieler sein Tagebuch lieben lernen und es als echtes Werkzeug benutzen. Doch dazu später mehr, Stift und Papier bzw. eine leere Tabelle reichen für den Anfang aus. Wer gerne Statistiksoftware benutzen möchte, soll sich dazu am besten einmal in die kostenlosen Programme einarbeiten, die das Internet dazu zu bieten hat.

Ich persönlich bin allerdings eher ein Freund von Stift, Zettel und trainiertem Gedächtnis. Spätestens im Live-Pokerturnier wird keine Software mehr automatisiert im Hintergrund Hilfe leisten, ob der Gegner eher aggressiv oder passiv gespielt hat bisher. Aber auch das ist natürlich Geschmackssache, viele Online-Profis spielen mit diesen Programmen sehr erfolgreich.

zu 4.) Taktische Tabellen (z.B. über Gewinnwahrscheinlichkeiten, Pott Odds, Starthände, Flop-Spiel usw.) sind am Anfang eine sehr gute Stütze! Einige befinden sich im Anhang des Buches und können als „Spickzettel" eingesetzt werden. Will man irgendwann aber auch mal an einem Live-Turnier (wie z.B. den ***World Series of Poker)*** teilnehmen, sollte man auf Dauer diese Zahlen besser auswendig lernen bzw. errechnen können. Ein Satz Zettel neben dem Chipstapel wird bei Live-Turnieren natürlich nicht so hoch angesehen.

zu 5.) Geld ist bei Glücksspielen - zu denen Poker ja trotz allem gehört - immer ein heikles Thema. Man kann natürlich auch um Spielgeld spielen, was wir im Laufe dieses Buches zu Anfang auch tun werden, aber langfristig macht es nur echten Spaß um echtes Geld zu spielen. Nicht nur wegen des anderen Reizes, sondern auch weil bei den meisten Spielgeld-Tischen so viele sog. „Maniacs" unterwegs sind, dass man nicht wirklich mit Taktik operieren kann. Da wird das Pokern dann wirklich quasi zum Roulette. Aber auch dazu später mehr.

Das heikle Thema Geld führt zu einer grundsätzlichen Überlegung:

Der Reiz und die Gefahren von Poker

Die Menschen spielen aus den unterschiedlichsten Gründen Poker: aus Geselligkeit, wegen des Reizes des beeinflussbaren Glücksspiels, um Geld zu verdienen oder aus „sportlichen" Aspekten. Dennoch sollte man seine Motive genauestens prüfen und unter die Lupe nehmen. Denn nicht jeder Mensch ist ein geborener Spieler. Spielsucht ist ein ernst zu nehmendes gesellschaftliches Problem und bei aller Popularität des Pokerspiels kann nicht häufig genug auf die Gefahren der Spielsucht hingewiesen werden.

Man kann sein (finanzielles) Ergebnis beim Poker zwar durch Taktik beeinflussen, aber Poker ist und bleibt zu einem bestimmten Anteil ein Glücksspiel: u.a. aufgrund der Tatsache, dass nicht alle Karten ausgeteilt werden. Wenn man ein Problem mit Glücksspielen hat, sollte man sich gut überlegen, ob man nicht lieber seine Freizeit anders gestaltet.

„Ein Problem mit Glücksspielen" bedeutet z.B., dass man seine Emotionen beim Spielen nicht unter Kontrolle hat und irgendwann aus Ärger über ein knapp verlorenes Blatt anfängt, unkontrolliert und schlecht zu spielen (das nennt sich beim Poker „heiß laufen" bzw. „Tilt"). Diese „beim nächsten Blatt krieg ich dich"-Mentalität ist bei Glücksspielen ALLER Art extrem gefährlich und hat schon sehr viele Spieler sehr arm gemacht… „Heiß laufen" kann man sich allerdings abgewöhnen. Je besser man als Spieler wird, desto seltener läuft man heiß bzw. desto schneller erkennt man, dass man heiß gelaufen ist und hört für den Tag auf zu spielen. Diesem Thema werde ich mich in diesem Buch später noch intensiver widmen.

„Ein Problem mit Glücksspielen" kann aber auch bedeuten, dass man in Wirklichkeit ein Problem mit dem finanziellen Einsatz beim Glücksspiel hat. Man sollte beim Glücksspiel immer in der Lage sein, das eingesetzte Geld verlieren zu können. Wenn man z.B. an einen Roulette Tisch mit $100 geht, diese $100 allerdings nicht verlieren darf, weil man seine Miete sonst nicht zahlen kann, dann sollte man DEFINITIV nicht Roulette spielen! Gleiches gilt für Poker. Wenn ein Spieler $100 an einen Pokertisch bringt, er aber extrem viel Respekt davor hat, diese $100 zu verlieren, wird er definitiv schlecht spielen!

Poker lebt vom aggressiven Spiel. In der Praxis bedeutet das, dass man u.a. auch andere Spieler durch hohe Geldeinsätze unter Druck setzt, damit diese z.B. ihr besseres Blatt weg werfen und man den Pot gewinnt. Das ist aber komplett unmöglich, wenn man nicht auch gleichzeitig bereit ist, seinen Einsatz zu verlieren.

Also: Nehmen Sie kein Geld mit an einen Pokertisch, dass Sie nicht auch finanziell verkraften können. Sonst wird die Pokerkarriere sehr kurz und schmerzhaft.

Dieses Buch wird Ihnen dabei helfen, nicht in Fallen zu tappen, die Sie langfristig teuer zu stehen kommen können. Und es soll Sie gleichzeitig durch taktische Anweisungen davor bewahren, dass Sie Ihr Pokerkonto leer spielen. Denn in jedem Fall ist es ratsam, immer sehr vorsichtig mit den eigenen finanziellen Ressourcen umzugehen.

Im Kapitel „***Lektion 3 - Das Geld***“ ab S. 46 und im Kapitel über die verschiedenen Limits ab S. 33 wird noch genauer darauf eingegangen, welche Auswirkungen die finanzielle Situation auf das eigene Spiel hat. Ein Spieler, der monatlich $1000 zur Verfügung hat, wird ganz anders spielen, als ein Multimillionär, dem das Geld im Grunde egal ist.

Schließlich wird der Abschnitt „*Aufbau einer Bankroll*“ im Anhang des Buches und das Kapitel „*Lektion 11 - Bankroll Management*“ ab S. 96 genau erklären, wie man sich auch mit wenig finanziellem Einsatz ein Spielkonto aufbauen kann, das sich mit der Zeit immer mehr und mehr vermehrt.

Die Regeln

Bevor wir in die Themen Strategie und Theorie einsteigen, hier noch einmal ganz kurz eine Übersicht über die allgemeinen Regeln beim Poker:

Die Karten

Ein Poker Kartenspiel besteht aus 52 Karten. Jede Karte kommt nur einmal vor, es gibt 4 verschiedene Symbole und jedes Symbol hat 13 Karten mit unterschiedlicher Wertigkeit.

Die 4 Symbole sind Kreuz, Pik, Herz und Karo. Anders als bei anderen Kartenspielen (z.B. Skat) haben die Symbole bei Texas Hold'em allerdings keinen unterschiedlichen Wert. Kreuz ist also z.B. nicht mehr wert als Herz oder Karo!

Die Symbole werden wie folgt abgekürzt:

c [clubs] = Kreuz
s [spades] = Pik
h [hearts] = Herz
d [diamonds] = Karo

Die 13 Karten pro Symbol sind in der Reihenfolge ihrer Wertigkeit:

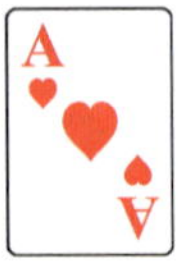	1.) ASS (A)	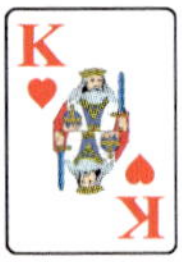	2.) KÖNIG (K)
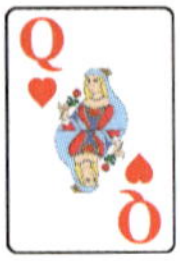	3.) DAME (Q)	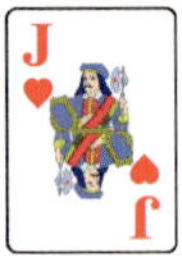	4.) BUBE (J)
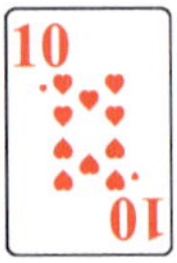	5.) „10“ (T)	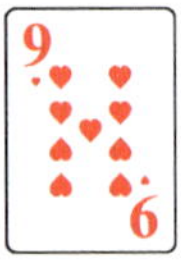	6.) „9“
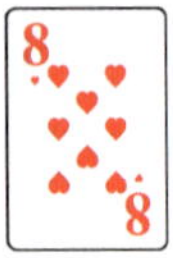	7.) „8“	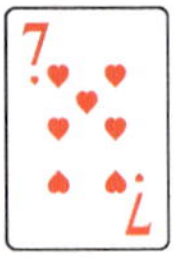	8.) „7“
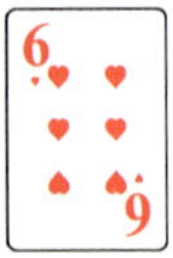	9.) „6“		10.) „5“
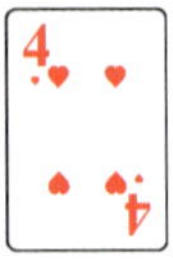	11.) „4“	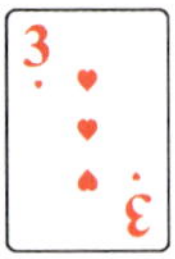	12.) „3“
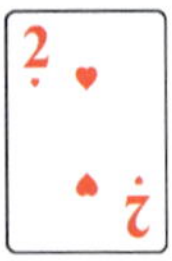	13.) „2“ (Deuce)		

Die Karten werden recht häufig z.B. in anderen Büchern oder im Internet mit ihren englischen Abkürzungen gekennzeichnet. Deswegen werde ich hier ebenfalls die englischen Abkürzungen verwenden, damit sie sich auf Dauer einprägen. Neben der Bezeichnung der Karten gibt es noch die Kurzform für „gleiches Symbol" = s [suited] und für „ungleiches Symbol" = o [off-suited]. Hier also noch mal alle Abkürzungen im Überblick:

c [clubs] = Kreuz
s [spades] = Pik
h [hearts] = Herz
d [diamonds] = Karo
s [suited] = gleiche Symbole
o [off-suited] = ungleiche Symbole
A [ace] = Ass
K [king] = König
Q [queen] = Dame
J [jack] = Bube
T [Ten] = 10

Die restlichen Zahlen werden natürlich auch als Zahlen dargestellt.

Beispiele:

AKs = Ass und König mit gleichem Symbol (z.B. Kreuz Ass und Kreuz König)

JhTd = Herz Bube und Karo 10

2s2h = Pik 2 und Herz 2

78o = 7 und 8 mit ungleichem Symbol (z.B. Pik 7 und Kreuz 8)

Die Blätter

Ziel jedes Pokerspiels ist es, mit 5 Karten das höchste Blatt zu bekommen. Dieses „Blatt“ bzw. diese „Hand“ bildet sich je nach Pokervariante auf unterschiedliche Art und Weise. Dazu mehr bei den Pokervarianten. Vorab sollte man aber natürlich erst einmal die Reihenfolge der Blätter kennen, denn die ist bei allen gleich:

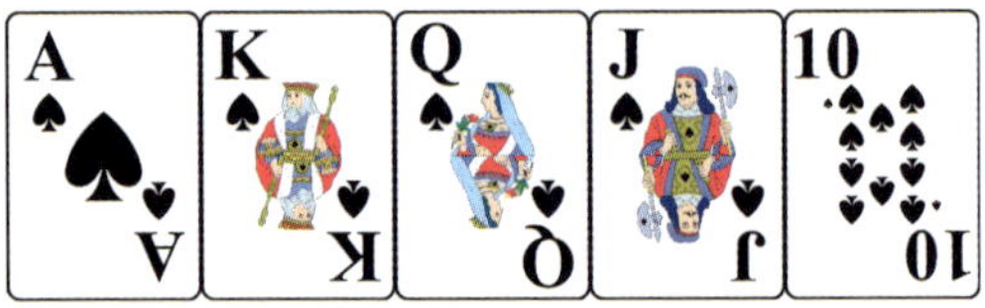

1) Royal Flush

Der Royal Flush ist das höchst mögliche Blatt bestehend aus T, J, Q, K, A bei gleicher Farbe.

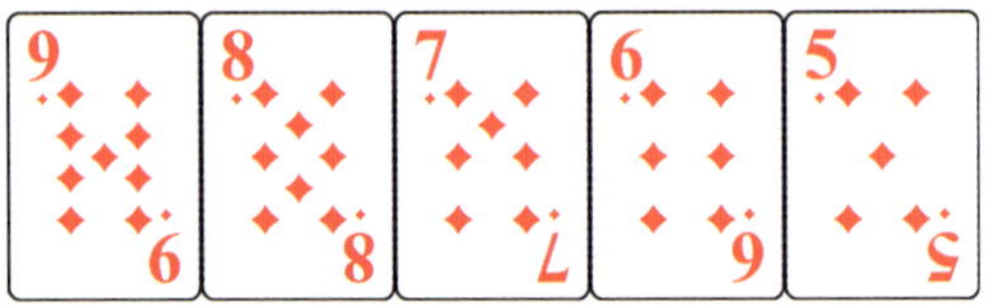

2) Straight Flush*

Der Straight Flush ist eine Straße mit gleichen Symbolen. Haben zwei Spieler einen Straight Flush, gewinnt der Spieler mit der höheren Karte im Straight Flush.

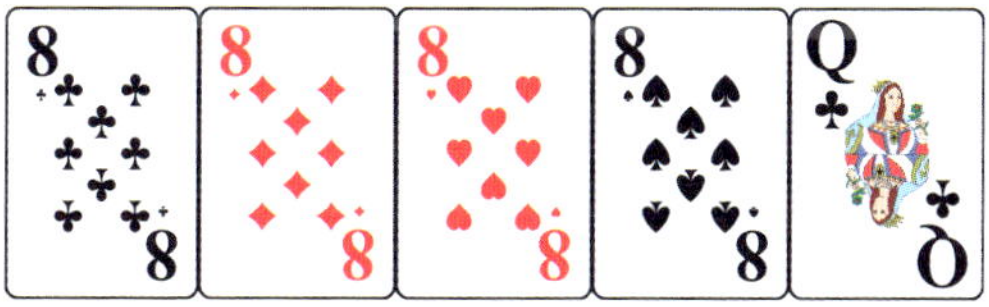

3) Vierling (Vierer oder Four of a kind)

Einen Vierling besteht aus 4 Karten mit demselben Rang.

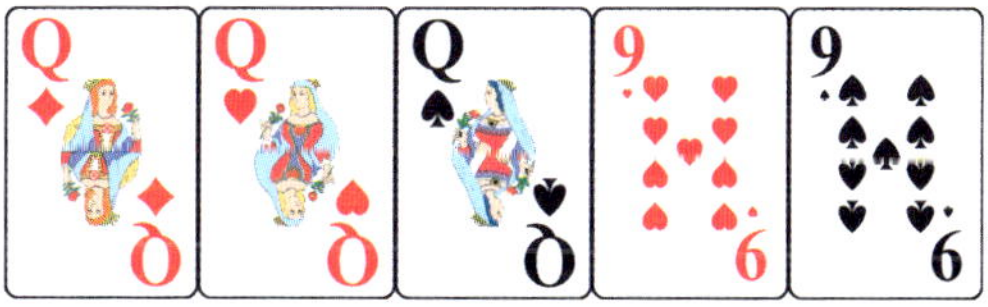

4) Full House

Beim Full House hat man einen Drilling und ein Paar. Haben zwei Spieler ein Full House, zählt der höhere Drilling als Gewinnerblatt, bei gleichem Drilling das höhere Paar.

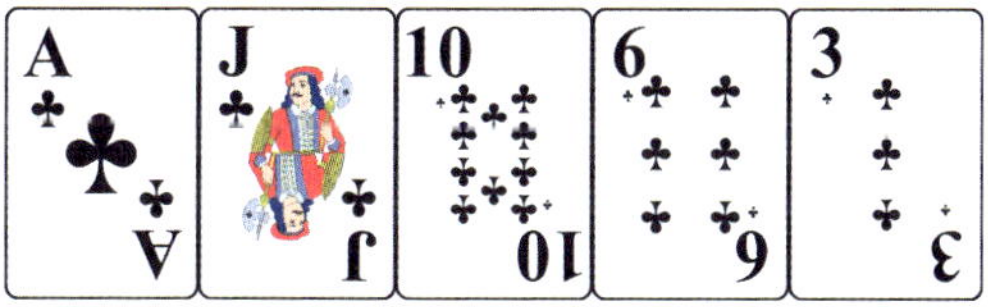

5) Flush

Ein Flush sind 5 Karten mit gleichem Symbol. Haben zwei Spieler einen Flush, entscheidet die höchste Karte.

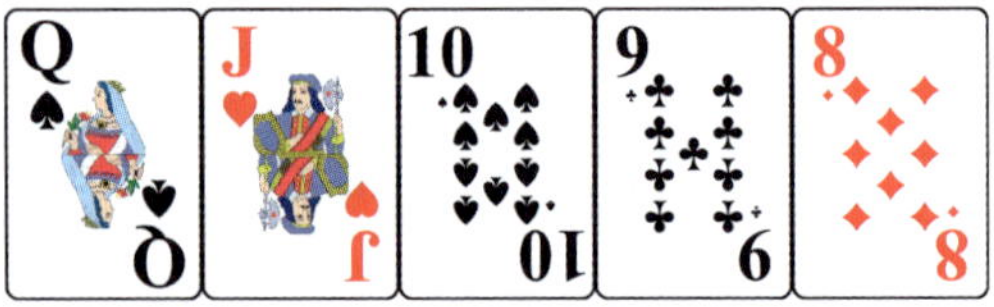

6) Straight (Straße)*

Als Straight bezeichnet man 5 Karten in aufeinander folgender Reihenfolge, die aber nicht das gleiche Symbol haben. Haben zwei Spieler eine Straight, entscheidet die höchste Karte, wer das bessere Blatt hat (z.B. 9TJQKo gewinnt gegen 89TJQo)

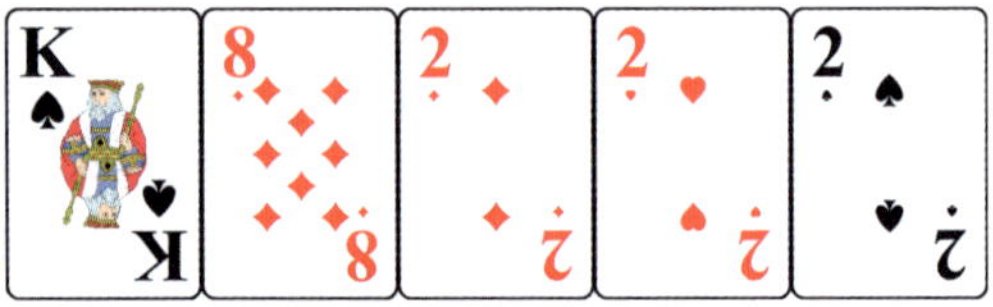

7) Drilling (Dreier, Set oder Three of a kind)

Ein Drilling sind drei Karten mit demselben Rang. Haben zwei Spieler den gleichen Drilling, entscheidet die Höhe der 4. bzw. 5. Karte, wer das bessere Blatt hat.

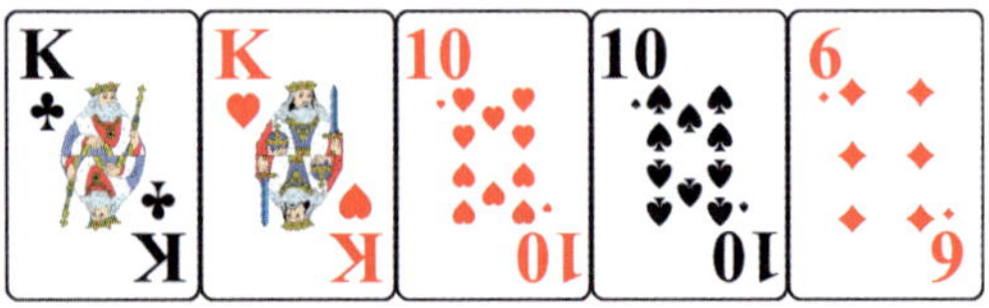

8) Doppelpaar (Two pair)

Ein Doppelpaar besteht aus zwei Pärchen. Das Blatt mit dem höheren Pärchen gewinnt. Haben zwei Spieler das gleiche Doppelpaar entscheidet die 5. Karte.

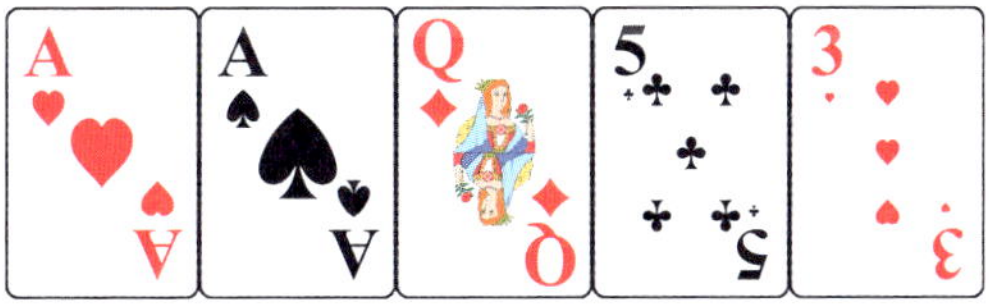

9) Pärchen (Pair)

Ein Pärchen sind zwei Karten mit demselben Rang. Haben zwei Spieler das gleiche Pärchen, entscheidet die Höhe der 3., 4. bzw. 5. Karte darüber, wer das bessere Blatt hat.

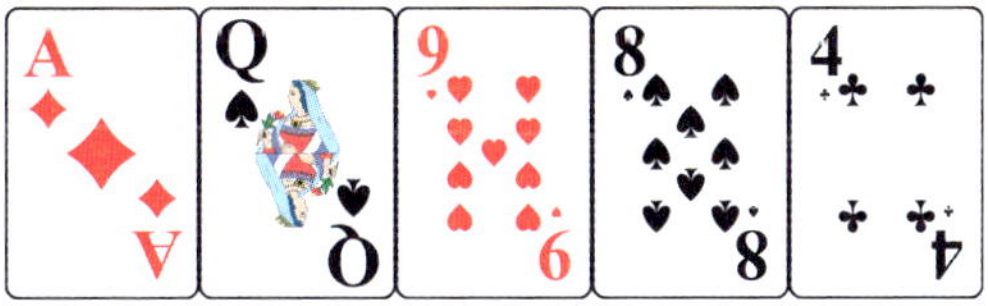

10) Höchste Karte (High Card)

Bei 5 nicht zusammenhängenden Karten entscheidet die höchste Karte.

*Einzige Besonderheit bei der Bildung eines der hier beschriebenen Blätter ist das Ass, das sowohl als höchste Karte bei T, J, Q, K, A also auch als niedrigste Karte bei A, 2, 3, 4, 5 eingesetzt werden kann. In der Mitte (z.B. Q, K, A, 2, 3) funktioniert das allerdings nicht.

Pokervarianten

Es gibt ziemlich viele verschiedene Spielweisen und Varianten von Poker. Jede einzelne Spielart hat ihre eigenen Regeln und ihre eigene Psychologie. In diesem Buch wird hauptsächlich auf die Strategien bei der Variante „Texas Hold'em“ eingegangen. Diese Variante wird sehr häufig im TV gezeigt oder hauptsächlich in Kinofilmen gespielt (Casino Rayale, u.ä.). Trotzdem seien zwei andere, z.Z sehr populäre Varianten hier auch einmal der Vollständigkeit halber kurz vorgestellt: Omaha Hold'em und 7-Card Stud. Es lohnt sich, die anderen Varianten einmal auszuprobieren (freegame oder um sehr wenig Geld), um seinen Horizont zu erweitern oder herauszufinden, ob man sich vielleicht dort wohler fühlt. Um ein wirklich guter Spieler in einer der anderen Varianten zu werden, sollte man sich allerdings sehr speziell mit der Variante auseinander setzen und evtl. entsprechende Literatur zulegen. Denn eines sei jedem ans Herz gelegt: ein guter Texas Hold'em Spieler ist noch lange kein guter Omaha-Spieler!

Texas Hold'em

Die Regeln

Bei Texas Hold'em erhält jeder Spieler 2 Karten ausgeteilt, die er sich verdeckt anschaut: die sog. *Hole Cards* (oder Pocket Cards bzw. Pockets).

Zusätzlich werden im Laufe der Spielrunde 5 Karten offen in die Mitte des Tisches gelegt, die jeder Spieler sehen und für die Bildung seines Blattes benutzen kann. Diese Karten bezeichnet man als *Community Cards* oder Gemeinschaftskarten.

Die Community Cards werden in drei Schritten ausgelegt:

1.) *der Flop* = die ersten drei offenen Karten
2.) *der Turn* = die vierte offene Karte
3.) *der River* = die fünfte offene Karte

Aus den zwei Hole Cards und den fünf Community Cards bildet jeder Spieler sein best möglichstes 5-Karten-Blatt und der Spieler mit dem höchsten Blatt gewinnt.

Hierzu ein paar Beispiele:

Pocket Cards	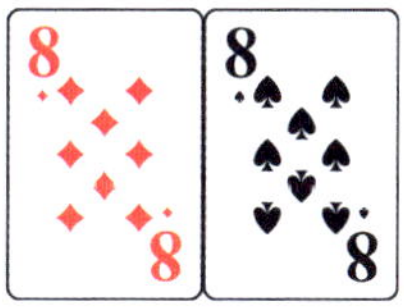
Community Cards	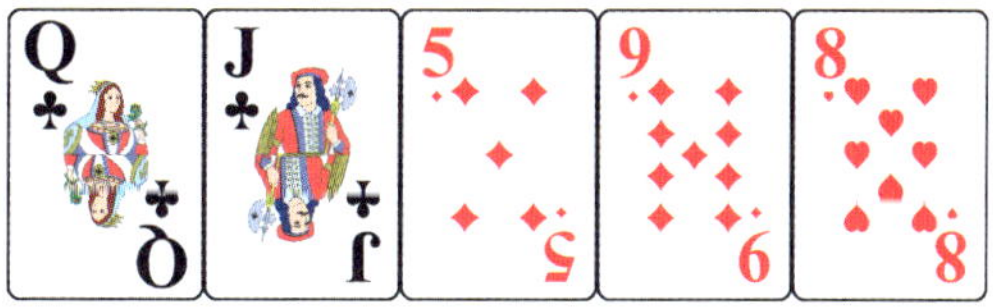
Endhand **8er Drilling mit Dame als „Kicker"**	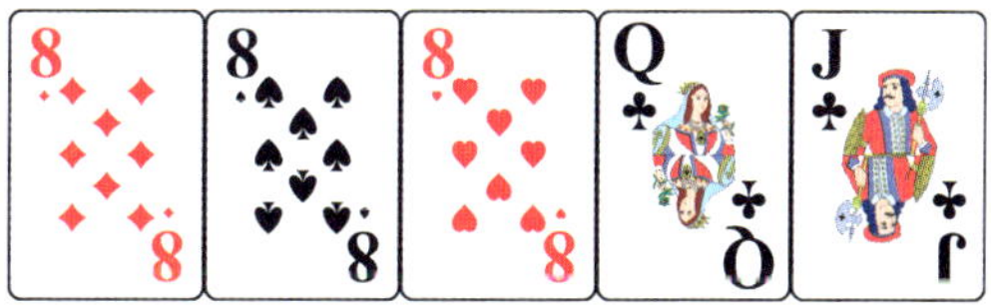

Pocket Cards	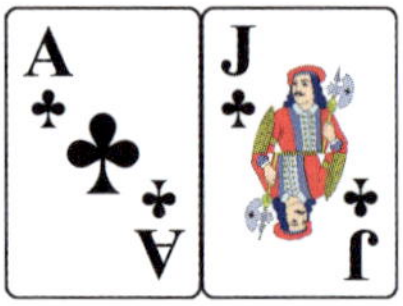
Community Cards	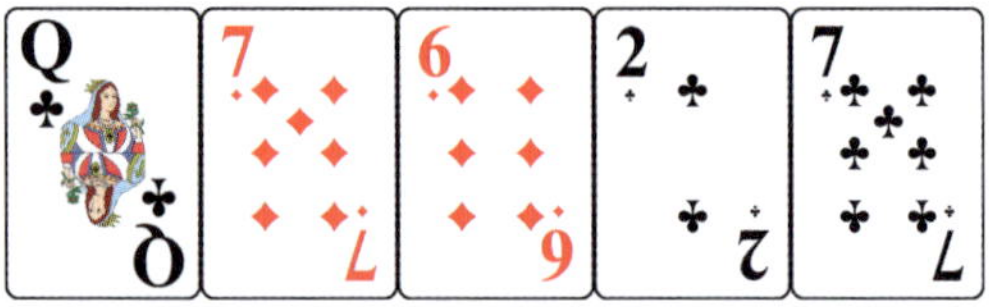
Endhand **Kreuz Flush mit „Ass Kicker“**	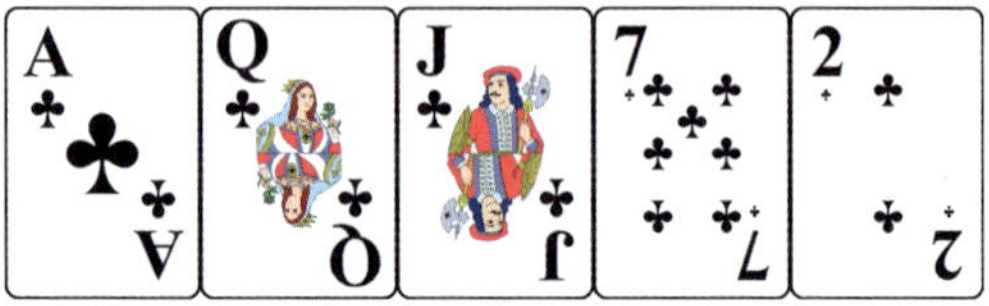

Pocket Cards	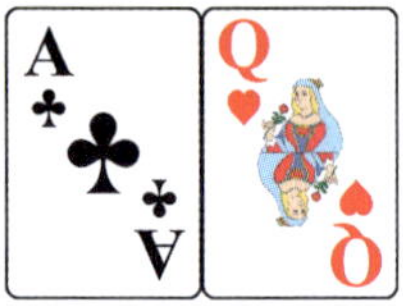
Community Cards	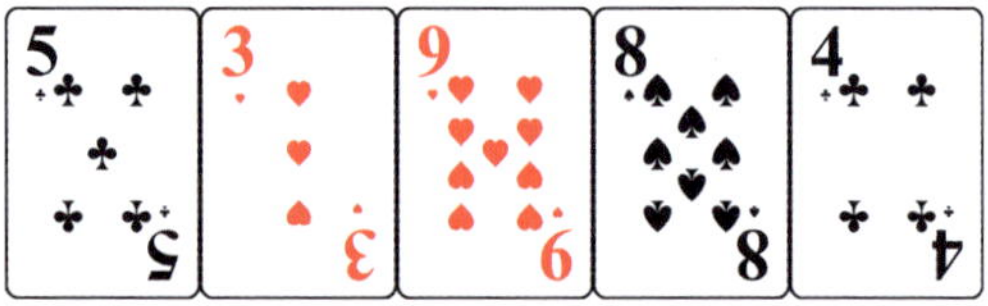
Endhand **Höchste Karte Ass**	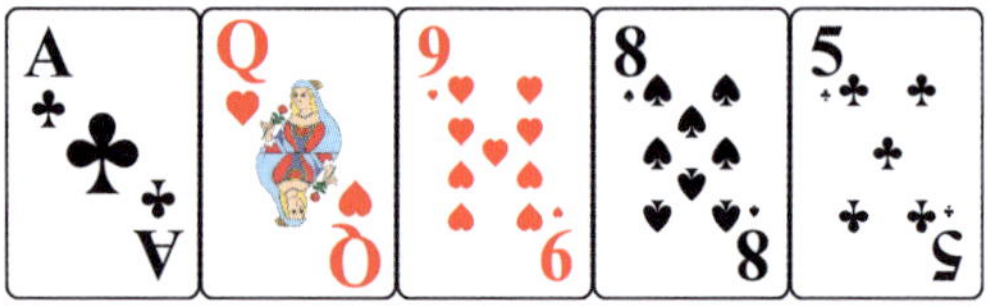

Immer wenn Karten ausgeteilt wurden, gibt es eine Bietrunde, in der die Spieler Geld einsetzen und somit weiter spielen oder aus der Runde aussteigen können. Am Ende gewinnt der Spieler mit dem höchsten Blatt oder derjenige, der als letzter in einer Bietrunde im Spiel bleibt (weil alle anderen ausgestiegen sind).

Soweit die grobe Theorie. Jetzt zu den einzelnen Abläufen etwas genauer:

Der Spielablauf

Das Spiel beginnt damit, dass der sog. Dealer (=Kartengeber) die Karten austeilt. In Online Pokerräumen und in Casinos macht das natürlich kein Spieler, sondern der Computer bzw. ein Casino-Angestellter. Damit nicht ständig dieselbe Person als erstes an der Reihe ist, wird der sogenannte Dealer-Button mit jeder Runde weiter gereicht. Ein „D"-Symbol bzw. ein großer „Dealer"-Chip zeigt dann immer diese Dealer-Position an, weshalb diese Position auch als *Button* bezeichnet wird. Wenn ein Spieler also „On the Button" sitzt, heißt das, dass er der Dealer bzw. Geber ist und die Person nach ihm als erstes rauskommt.

Bevor die Karten ausgeteilt werden, müssen die sog. *Blinds (*Blindgebote*)* gesetzt werden: Die Person links neben dem Dealer setzt die Hälfte des Mindesteinsatzes, den sog. Small Blind (SB). Die Person daneben setzt den Mindesteinsatz des Tisches, den sog. Big Blind (BB). In Online Pokerräumen und auch in Casinos sind immer Angaben zu den Mindesteinsätzen gemacht:

- bei No-Limit bedeutet „Texas Hold'em No-Limit **$2/4**", dass der *Small Blind* $2 und der *Big Blind* $4 beträgt. Mindestgebot ist in jeder Bietrunde $4.

- bei Limit bedeutet „Texas Hold'em Limit **$2/4**" allerdings, dass das ***Mindestgebot*** (Small *Bet*) in den ersten beiden Bietrunden $2 ist, in den letzten beiden $4. Der Small *Blind* ist demnach $1 (immer die Hälfte des Mindesteinsatzes) und der Big Blind $2...

Dieser Unterschied ist im Moment nicht so 100%ig wichtig, er verändert das Spiel zu Anfang auch nicht wirklich. Man sollte es nur schon mal gelesen haben und vielleicht später noch einmal nachschlagen, wenn das Thema von Bedeutung wird.

Allgemein sollen die Blinds Null-Runden vermeiden, also wenn niemand Geld setzt. Später werden die Blinds (z.B. wenn sie in einem Turnier stetig steigen) für taktische Überlegungen wichtiger.

Nach dem Einsatz der Blinds schaut sich jeder Spieler seine 2 Hole (oder Pocket) Cards an und entscheidet, ob er mit diesen Karten spielen möchte oder nicht. Wenn er spielen möchte, dann nimmt er an der ersten Bietrunde teil, sonst steigt er aus.

Die Bietrunden

Nachdem ja zu Anfang zwei Spieler Geld in die Mitte des Tisches geschoben haben (SB und BB), beginnt nun die 1. Bietrunde mit dem Spieler links neben dem BB. Im Uhrzeigersinn kann jeder Spieler Geld setzen, wenn er mitspielen möchte oder aussteigen wenn er nicht spielen möchte.

Hierzu gibt es 4 verschiedene Möglichkeiten:

1.) ***Fold bzw. Pass*** **(Aussteigen)** = Die Karten sind zu schlecht und man möchte in der Runde nicht mitgehen. Man steigt aus (aber nur aus der Runde).

2.) ***Call*** **(Mitgehen)** = Man möchte spielen und geht den aktuellen Mindesteinsatz mit. Das heißt, wenn z.B. $4 gefordert sind, legt man auch $4 in die Mitte.

3.) ***Raise*** **(Erhöhen)** = Man möchte mitspielen und gleichzeitig den Mindesteinsatz erhöhen (z.B. weil man eine „starke Hand" hat oder eine „starke Hand" signalisieren will). Man legt den Mindesteinsatz plus seine Erhöhung (um den BB oder ein vielfaches davon) in die Mitte. Alle nachfolgenden Spieler müssen ihre Einsätze dann dem erhöhten Mindesteinsatz entsprechend anpassen. Es darf in der Regel dreimal pro Einsatzrunde erhöht (geraist) werden.

4.) *Check* (Schieben) = Wenn noch niemand vor einem einen Einsatz gemacht hat, kann man „checken". Das bedeutet, dass man kein zusätzliches Geld setzt, aber im Spiel bleibt. In der ersten Bietrunde sind die Blinds aber bereits ein Einsatz, so dass dort ausschließlich der BB checken konnte, falls die anderen Spieler vor ihm nur callen und nicht raisen.

In einer Bietrunde kann man auch mehrmals an der Reihe sein, z.B. wenn man selber „gecallt" (also den Mindesteinsatz gezahlt) oder „geraist" hat und ein anderer Spieler danach hat das eigene Gebot erneut „geraist". Dann muss man - sobald man an wieder der Reihe ist - erneut entscheiden, ob man den erhöhten Einsatz auch noch mitgeht, ihn sogar erneut erhöht oder doch lieber aussteigt.

Wie bereits erwähnt gibt es eine Bietrunde nach dem Verteilen der verdeckten Hole Cards, nach dem Verteilen des Flops, nach der Turn-Karte und nach der River-Karte. Insgesamt sind also bis zu 4 Bietrunden mit mehreren Durchläufen möglich. Auf die einzelnen Bietrunden werde ich im Kapitel „*Lektion 10 - Bieten in den einzelnen Runden*" ab S. 79 noch wesentlich genauer eingehen.

Der Showdown

Wenn die letzte öffentliche Karte - die River Karte - gelegt wurde und alle Spieler das letzte Gebot mitgegangen sind, werden die Hole Karten der noch verbleibenden Spieler aufgedeckt. Das nennt sich Showdown. Der Spieler mit dem besten Blatt gewinnt den Pot. Haben mehrere Spieler ein gleichwertiges Blatt, wird der Pot geteilt (tile pot).

In vielen Runden kommt es allerdings gar nicht erst zum Showdown, weil vorher schon alle Spieler raus gegangen sind und der übrig gebliebene Spieler den Pot bekommt, ohne seine Karten zeigen zu müssen. Wenn man das mit einem schlechten Blatt erreichen kann, nennt man das „den Pot stehlen".

Texas Hold'em kann man an einzelnen Tischen und an mehreren Tischen im Turnier spielen.

Der Vollständigkeit halber möchte ich auf zwei andere Poker-Arten eingehen, allerdings nur ganz kurz und extrem vereinfacht:

Omaha Hold'em

Die Regeln von Omaha Hold'em ähneln sehr stark denen von Texas Hold'em. Das Prinzip von Hole Cards und Community Cards ist dasselbe, es gibt öffentliche 5 offene Community Cards (Flop, Turn und River) und die Bietrunden laufen nach demselben Prinzip ab. Einziger Unterschied: Man bekommt nicht 2 Hole Cards, sondern 4.

Dieser kleine, aber feine Unterschied verändert das Spiel aber in solch drastischer Weise, dass sich komplett andere Taktiken ergeben.

Man muss dann aus maximal zwei seiner Hole Cards und den Community Cards das beste 5er Blatt bilden. Das ist am Anfang nicht immer auf den ersten Blick ganz so einfach zu sehen. Im ersten Moment wirkt es zwar wie ein Vorteil, dass man aus 9 statt aus 7 Karten sein Blatt bilden kann. Dadurch ergeben sich aber ja auch dieselben verbesserten Chancen beim Gegner. Man muss wesentlich mehr mögliche Top Blätter in Betracht ziehen: während z.B. ein Paar Asse bei Texas Hold'em recht viel wert ist, ist dasselbe Blatt bei Omaha Hold'em wesentlich weniger wert, und es werden wesentlich häufiger Flushes und Straßen gebildet als bei Texas Hold'em.

Die Variante „Omaha Hold'em Hi/Lo" bietet sogar noch die zusätzliche Chance, mit dem niedrigsten Blatt die Hälfte des Pottes zu bekommen. Hierfür muss man 5 Karten kleiner als „8" zusammen bekommen („8" und Ass eingeschlossen). Omaha Hi/Lo ist ein sehr vielschichtiges Spiel und bedarf einer guten Beobachtungsgabe, worauf andere Spieler aufgrund ihrer Einsätze wohl spekulieren: das beste Blatt oder das niedrigste?

Omaha Hold'em ist ein sehr spektakuläres und rasantes Spiel. Leider ist es in den Medien noch nicht so präsent wie Texas Hold'em, daher spielen die meisten Spieler erst einmal die Texas Variante. Ich kann jedem aber nur empfehlen, sich bei Zeiten auch einmal an Omaha heranzuwagen, da es die Poker-Sinne auf eine andere Art und Weise noch mehr schärft. Besonders als Live-Game (also in Casinos) macht es sehr viel Spaß, weil es aufgrund der 4 Hole Cards wesentlich mehr Action gibt als bei Texas Hold'em und man häufiger mitspielt.

7-Card Stud

Dies ist die wohl klassischste der hier aufgeführten Pokervarianten. Alle Spieler müssen zu Anfang einen Grundeinsatz (die sog. Ante) zahlen. Hierbei gibt es keine Community Cards, sondern jeder Spieler hat seine eigenen offenen und verdeckten Karten. Die Karten werden wie folgt verteilt:

- Hole Cards: 2 Karten verdeckt

- Third Street: 1 Karte offen

Der Spieler mit der niedrigsten offenen Karte ist der Bring-in. Er fängt mit dem Setzen an, und muss entweder einen Einsatz in Höhe der Hälfte des Small Bet oder des gesamten Small Bet bringen. Die anderen Spieler können dann wie gehabt mitgehen, erhöhen oder rausgehen. Wenn zwei Spieler den gleichen Wert haben gibt es beim 7-Card Stud eine Rangfolge in den Symbolen, um den Bring-in zu bestimmen: Pik, Herz, Karo und Kreuz.

Es darf dreimal pro Einsatzrunde erhöht (geraist) werden.

- 4th Street: 1 Karte offen

Danach wird wieder gesetzt. Diesmal beginnt der Spieler mit den besten zwei offenen Karten. Wenn also jemand AJ offen liegen hat und ein anderer 55, dann beginnt der mit dem Pärchen. Hat kein Spieler ein Pärchen, darf maximal der Small Bet gesetzt werden, sonst der Big Bet.

- 5th Street: 1 Karte offen

Ab der Fifth Street werden nur die Big Bets gesetzt. Auch hier beginnt der Spieler mit den 3 besten offenen Karten.

- 6th Street: 1 Karte offen

Der mit den besten offenen Karten beginnt zu setzen.

- 7th Street: 1 Karte verdeckt

Nun erhält jeder Spieler eine verdeckte Karte, die Seventh Street (Daher der Name Seven Card Stud). Der Spieler mit den besten offenen Karten beginnt die letzte Bietrunde.

Auch hier kommt es mit Raise, Call, Fold und Check zum eventuellen Showdown.

Bei diesem Spiel liegen unterschiedliche Karten der einzelnen Spieler offen und es ergeben sich komplett andere mögliche Blattkonstellationen pro Spieler. Daher ist auch hier die Psychologie und Taktik nicht mit Texas oder Omaha Hold'em zu vergleichen.

Ein weiterer, wichtiger Unterschied zwischen 7-Card Stud und den beiden anderen Poker-Varianten ist der, dass es in der Regel nur eine Limit Form beim 7-Card Stud gibt: Fixed Limit. Omaha und Texas Hold'em kann man auch als Pot Limit oder No-Limit spielen.

Dazu jetzt mehr im folgenden Kapitel über die Limits.

Die Limits

Man kann Texas Hold'em und Omaha Hold'em als (Fixed) Limit, Pot Limit und No-Limit spielen. Der einzige Unterschied ist der Maximal- bzw. Minimal-Einsatz, der während der Bietrunden gemacht werden kann.

In jeder Pokersoftware und in jedem Casino findet man bei der Beschreibung der Tische auch immer eine entsprechende Angabe: z.B. „Texas Hold'em No-Limit $1/2“ oder „Omaha Hold'em Pot Limit $2/4“

Fixed Limit

Beim „Fixed Limit“ (oder einfach nur „Limit“) ist - wie der Name schon vermuten lässt - der Einsatz fest limitiert. Das bedeutet, dass immer nur ein festgelegter Betrag geboten beziehungsweise um ihn erhöht werden kann.

In den ersten beiden Bietrunden - also vor dem Flop und nach dem Flop - ist dies der Small Bet, in den Runden nach dem Turn und nach dem River der Big Bet. Es darf bei Limit Spielen pro Bietrunde nur dreimal erhöht werden.

Beispiel „Texas Hold'em Fixed Limit $2/4“:

1. Bietrunde vor dem Flop: Bet & Raise jeweils um $2
2. Bietrunde nach dem Flop: Bet & Raise jeweils um $2
3. Bietrunde nach dem Turn: Bet & Raise jeweils um $4
4. Bietrunde nach dem River: Bet & Raise jeweils um $4

Hier gibt also die Zahl „$2/4“ bei der Beschreibung des Tisches den Small BET und den Big BET an und der Small BLIND ist dann 1$ (halber Minimum-Bet) und der Big BLIND 2$ (Minimum-Bet).

No-Limit (NL)

Die Variante “No-Limit” bedeutet, dass der Maximal-Einsatz nicht begrenzt ist. In der Praxis heißt das, dass man entweder den Minimal-Einsatz setzen oder z.B. raisen kann, aber auch - wenn man möchte - mehr als den Minimal-Einsatz bis hin zu „All-In“ (= alles was man hat).

Diese Variante ist äußerst beliebt, weil sie zum einen häufig im Fernsehen zu sehen ist (u.a. bei den „***World Series of Poker***“) und zum anderen weil sie durch das höhere Risiko spektakulärer ist als Limit Poker.

Gleichzeitig ist diese Variante allerdings auch die gefährlichste: man kann zwar mit einem Schlag viel Geld gewinnen (die Pötte werden dadurch natürlich auch größer als beim „Fixed Limit“), man kann mit einem Schlag aber auch alles verlieren oder aus einem Turnier herausfliegen.

Die Setzstruktur der einzelnen Runden ist etwas anders als beim Limit.

Beispiel „Texas Hold'em No-Limit $2/4“:

1. Bietrunde vor dem Flop: Bet mindestens $4
2. Bietrunde nach dem Flop: Bet mindestens $4
3. Bietrunde nach dem Turn: Bet mindestens $4
4. Bietrunde nach dem River: Bet mindestens $4

Maximal kann man beim No-Limit den kompletten eigenen Chipstapel setzen: das bezeichnet man dann als „All-In“.

Setzt ein Spieler vor einem mehr als man selber hat, muss man zum mitspielen All-In gehen und entweder reduziert sich dann der Einsatz des anderen Spielers auf Ihre Chipstapel-Größe (wenn Sie nur noch zu zweit im

Spiel sind) oder es wird ein zusäzlicher Pot für die verbleibenden Spieler gebildet (der sog. „Sidepot"). Beim Showdown wird dann erst der Sidepot unter den übrigen Spielern ausgemacht und Sie können dann maximal noch Ihre Chipstapel-Größe jeweils von den anderen Spielern bekommen, wenn Sie das beste Blatt hatten von allen.

Pot Limit (PL)

Pot Limit ist quasi eine Kombination der anderen beiden Limit-Spiele:

Hierbei ist der Maximal-Einsatz auf die aktuelle Größe des Pots begrenzt. Das bedeutet in der Praxis, dass man zwar immer noch so spektakulär und riskant wie beim No-Limit spielen kann, aber in mehr oder weniger „geregelten Bahnen". Besonders „pre-Flop" (also in der Bietrunde vor dem Flop) sind Pot Limit-Spiele dadurch stark entschärft.

Fazit Limits

Ich kann nur jedem Spieler empfehlen, alle drei Limit Varianten in den verschiedenen Phasen seiner Pokerkarriere zu spielen und auszutesten. Denn auch hier gilt: Nicht für jeden ist jede Variante die beste, man muss SEINE Poker Spielvariante finden…

Wenn das Thema Limits vielleicht zum jetzigen Zeitpunkt etwas viel Information auf einmal war, keine Panik: das werden Sie in der Praxis sehr schnell sehen und mitbekommen. Dieses Kapitel ist eher etwas zum Nachschlagen, wenn Sie schon ein paar Spiele gespielt haben oder zum besseren Verständnis der Pokersoftware.

In diesem Buch wird - besonders bei den Beispielhänden am Schluss - recht häufig auf die Variante No-Limit eingegangen. Das passiert vor allem vor dem

Hintergrund, dass man beim No-Limit besser und stärker Druck durch höhere Einsätze ausüben kann. Daher lassen sich bestimmte Prinzipien daran einfacher und besser verdeutlichen... Dennoch ist vor allem Limit Poker eine äußerst empfehlenswerte Variante, ganz besonders für Anfänger!

Sämtliche Beispiele und Anweisungen in diesem Buch (ValueBet, Continuation Bet, Check-Raise usw.) funktionieren natürlich für alle Limit-Varianten gleich!

Kapitel 2

Poker Strategie I

„Limit poker is a science, but no-limit is an art. In limit you are shooting at a target. In no-limit, the target comes alive and shoots back at you."

-- Crandall Addington

Lektion 1 - Die Startblätter

Poker ist ein Spiel, bei dem Glück und Strategie zusammen zum Erfolg führen. Ohne Glück bringt natürlich die beste Strategie nichts. Glück und Pech wiegen sich auf Dauer allerdings auf, so dass langfristig immer der bessere Stratege gewinnt.

Später im Buch werde ich noch näher auf die klassischen Anfängerfehler eingehen, ein Fehler ist aber doch ständig allgegenwärtig und wird immer wieder begangen: **Es werden zu viele schlechte Startblätter gespielt!**

Warum passiert das? Im Fernsehen sieht man z.B. bei den ***World Series of Poker***, wie die Top Spieler mit Blättern wie Herz König und Kreuz 8 (also K8o) oder ähnlich schlechten Anfangsblättern erhöhen, mitgehen, teilweise sogar All-In gehen usw.

Man muss allerdings dazu folgendes wissen: diese Spieler spielen häufig gar nicht ihre Blätter, sondern größtenteils „den Gegner". „Den Gegner spielen" bedeutet, dass man den anderen Spieler am Tisch so gut durchschaut und z.B. in die Ecke gedrängt hat, dass man ihn auch mit solch schlechten Blättern dominieren und besiegen kann. Ein Startblatt wie dieses darf man nicht isoliert aus dem Zusammenhang gerissen betrachten. Um mit solchen Blättern ein Turnier zu gewinnen, braucht man sehr viel Können, Wissen und vor allem Erfahrung. Deshalb: erst einmal Finger weg!

Sie werden noch mit genügend guten Startblättern unglücklich verlieren, da müssen Sie nicht auch noch mit den schlechten *doppelt* so häufig Ihr Geld abgeben. Auch wenn man immer wieder beobachtet, wie jemand mit 2 und 5 eine Straße trifft und dann gewinnt, so verlieren die Spieler, die diese Blätter häufig spielen, auf Dauer doch immer all ihr Geld.

Deshalb unterteilt man die Anfangsblätter in verschiedene Kategorien. Der bekannte Pokerbuch-Autor David Sklansky benutzt 8 Kategorien, ich finde die Einteilung in 5 für den Anfang etwas besser.

- Kategorie 1

AA, KK, QQ, AKs

Das sind DIE TOP Startblätter. Damit sollten Sie vor dem Flop (pre-Flop) IMMER erhöhen, und sogar eine Erhöhung erneut erhöhen (Reraise).

- Kategorie 2

AK, AQs, JJ, TT

Das sind sehr gute Startblätter. Damit sollte man als erstes auch immer erhöhen, in später Position kann man evtl. auch einen Reraise erneut erhöhen, sonst sollte man auf jeden Fall eine weitere Erhöhung mitgehen (callen).

- Kategorie 3

AQ, AJs, 99, 88

Diese Startblätter sollte man nur in einem nicht erhöhten Pot erhöhen, in später Position kann man auch einen Raise einmal callen. In früher/mittlerer Position schmeißen viele gute Pokerspieler allerdings bereits diese Hände nach einem Raise weg.

- Kategorie 4

AJ, AXs, KQs, 77, 66, 55 (98s, 87s, 76s, 65s, 54s, 43s, 32s)

Das "X" steht hierbei für jede beliebige Zahlen-Karte, aber je niedriger sie ist, desto vorsichtiger muss man sie spielen bzw. desto weniger ist die Hand wert. AXs wird gerne gespielt, weil man damit z.B. gut eine kleine Straße (A2345) bilden kann und trotzdem eine hohe Karte hat. Diese Kategorie ist im Grunde die schwierigste, weil man sich immer schwer entscheiden kann, ob man sie spielt oder nicht. Die Frage, ob man AA spielen wird, ist verständlicherweise viel einfacher! Diese Blätter sind eher dazu geeignet, damit „den Gegner zu spielen" als das Blatt. In Klammern stehen die sog. „suited connectors". Fullring (also an einem Tisch mit 7-12 Spielern) kann man diese Karten sehr gut spielen, wenn man den Flop günstig zu sehen bekommt, um auf einen Flush oder eine

Straight zu hoffen. Man darf sie aber nicht überbewerten. Diese Karten sind eher ein Thema für fortgeschrittenere Spieler.

- Kategorie 5

AT, KQ, KJs, QJs, 44, 33, 22

Wenn viele Spieler mitspielen bzw. am Tisch sitzen, sollte man diese Hände im Grunde kaum spielen. In einer Heads-Up-Situation (1 gegen 1) bzw. gegen Ende eines Turniers können diese Hände gut funktionieren, aber auch hierfür braucht mein einiges an Erfahrung. Sonst gilt gleiches wie bei Kategorie 4: eher wegwerfen, diese Hände neigen dazu, von einer besseren Hand dominiert zu werden!

Und alles andere sollten Sie definitiv nicht spielen! Werfen Sie es weg, es sei denn Sie sitzen im Big Blind (haben also schon bezahlt) und niemand hat erhöht. Dann brauchen Sie ja nur zu „checken" um den Flop zu sehen, da kann man dann auch mal Glück haben...

Wie bitte, selbst König und Zehn soll man wegwerfen und nicht spielen?!? Ganz genau! Wenn Sie langfristig Statistik darüber führen, mit welchen Händen Sie gewinnen, werden Sie merken, dass diese Hände meistens verlieren! Vor allem haben diese Hände das Potential dazu, nicht viel Geld zu gewinnen, aber dafür sehr viel Geld zu verlieren!!

Es gibt mittlerweile diverse Programme im Internet zum Thema Spielstatistik und Spielanalyse. Um das eigene Spiel besser verstehen zu können und anhand von nüchternen Zahlen zu sehen, mit welchen Händen man am häufigsten verliert, sind diese Programme eine nützliche Hilfe. Auf www.poker-mit-system.de habe ich hierzu die bekanntesten Programme vorgestellt und kurz bewertet.

Denn die meisten Hände spielt man zu Anfang noch aus Intuition: KT sieht nun mal nach einer guten Hand aus. Leider ist diese Hand wirklich recht schwierig zu spielen...

Ich möchte das mal an einem Beispiel verdeutlichen:

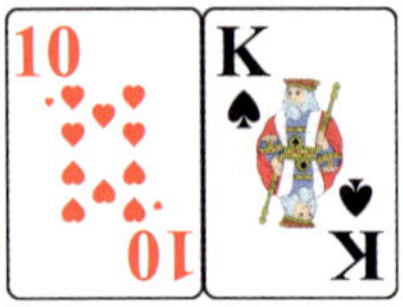

SPIELER

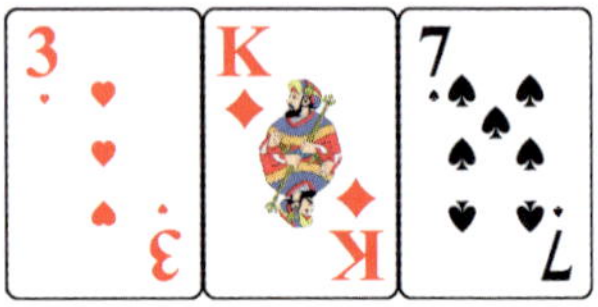

FLOP

Vor dem Flop haben Sie erhöht und wurden von einem Spieler gecallt. Der Flop sieht gut aus, Sie haben das Top Pair am Tisch getroffen, also möchten Sie nach dem Flop weiter Geld in den Pot bringen, in der Erwartung ihn zu gewinnen. Doch schauen wir einmal etwas genauer hin:

Wenn Sie nach dem Flop erhöhen, was genau passiert dann? Sie werden mit großer Wahrscheinlichkeit nur von folgenden Händen gecallt:

- König plus andere Karte

- 77

- 33

- 73

Alle anderen Hände (A7, A3, AQ, AJ, QJ, JJ, TT usw.) werden ahnen, dass Sie einen König haben und ihr Blatt wergwerfen (folden), weil sie geschlagen sind.

Wenn Ihr Gegner aber einen König hat, werden diese entweder sehr vorsichtig spielen, weil sie K9 und kleiner haben oder sehr aggressiv spielen weil sie KJ und besser haben: Viele gute Spieler würden bei einem solchen Flop K9 gegen einen Raise weg werfen, weil der Kicker zu schlecht ist. Sie gewinnen also nur einen kleinen Pot mit KT, verlieren aber evtl. einen großen (z.B. gegen 33, 77, K3, K7, KJ, KQ, KK, AK)

Gleiche Situation, anderer Flop:

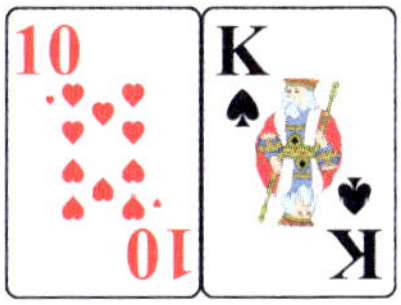

SPIELER

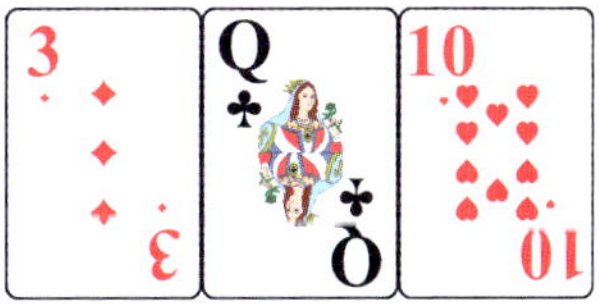

FLOP

Jetzt haben Sie zwar - bezogen auf die Zehn - einen recht hohen Kicker mit dem König, aber es besteht eben große Gefahr auf ein Overcard-Pärchen (anders ausgedrückt: das Zehnerpärchen verliert momentan gegen jeden Spieler, der eine Dame auf der Hand hat!)

Wenn Sie hier also wieder erhöhen, wird wahrscheinlich nur jemand callen, der AQ, KQ, QQ, QJ oder AT hat. Und gegen all diese Karten verlieren Sie beim Showdown! Alle anderen Karten werden allerdings eine Erhöhung von Ihnen nicht mitgehen, sondern folden!

Also auch hier gewinnen Sie nur einen kleinen Pot auf dem Flop oder verlieren einen großen Pot beim Showdown.

Daher lohnen sich diese Blätter auf Dauer nicht. OK, Sie haben zwar - wenn alle folden - den Pot gestohlen, aber dafür braucht man nicht KT. Das hätte auch mit 72o (dem schlechtesten möglichen Blatt) funktioniert.

Also, auch wenn man im TV häufiger mal sieht, dass Hände gespielt werden, die nicht in dieser Liste sind, so ist das immer eher ein Spiel der Situation, für das man sehr, sehr viel Erfahrung braucht! Für den Anfang: FINGER WEG!

Im Anhang dieses Buches finden Sie noch einmal eine Tabelle mit allen Händen und Kategorien, und wie man sie aus welcher Position spielen sollte. Langfristig werden Sie ein Gefühl für das Pokern und die Starthände entwickeln, aber die Pre-Flop-Strategie wird Ihnen in den Anfängen dabei behilflich sein. Die Profi-Pokerspieler spielen größtenteils im Grunde nichts anderes als das.

Lektion 2 - Die Position

Die Position, in der man sich am Tisch gerade befindet, beeinflusst das Spiel bzw. Ihr Setzverhalten enorm. Ob man „hinten“ oder „vorne“ sitzt, ist immer relativ zum Button / zur Dealer-Position.

Die erste Person, die setzen *kann*, heißt UTG (= „Under the gun“) und sitzt in der Reihenfolge hinter dem Big Blind. Daher ist dies vor dem Flop die früheste Position. Dann wird im Uhrzeigersinn reihum gesetzt, bis zum Button bzw. Dealer. Bei dieser Position spricht man von „spät“ oder „hinten“. Also ist der Button die späteste Position. Danach können noch die Blinds setzen, die gehören aber zu den frühen Positionen, denn die nächsten Setzrunden beginnen wieder nach dem Button! Hier einmal die Übersicht über die Positionen bezogen auf einen 10er Tisch:

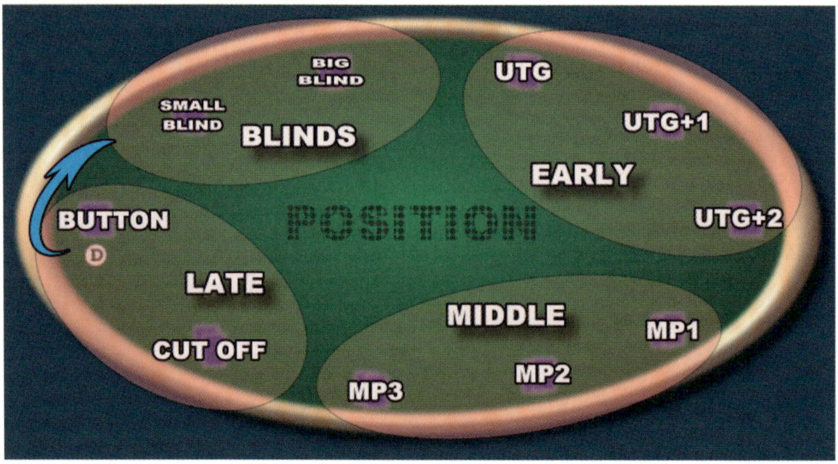

Die frühen Positionen sind also die Blinds und die UTGs. MP1 bis 3 sind die mittleren Positionen, und Cut-Off und Button bezeichnet man als „Late Positions", also die späten Positionen in der Runde.

Wieso ist das von Bedeutung?

Mal angenommen, Sie spielen ein Turnier, in dem die Blinds stetig steigen und Sie sind mittlerweile bei 400$/800$ für Small und Big Blind angelangt. Wenn Sie jetzt bei 7 Spielern am Tisch mit einem Fünfer Pärchen in einer frühen Position den 800$ Big Blind callen, obwohl Sie ein eher schwaches Blatt haben, kann folgendes passieren: einer der Spieler nach Ihnen hat ein richtig gutes Blatt und erhöht (evtl. sogar All-In) und Sie müssen - weil 55 für die Erhöhung evtl. doch zu schwach ist - die Karten weg schmeißen. Dann haben Sie 800$ verloren! Die Spieler, die nach dem „All-Iner" mitgehen oder hinschmeißen können, haben es da besser: Bei einem mittleren Blatt können sie quasi kostenlos hinschmeißen oder natürlich bei einem starken Blatt trotzdem noch mitgehen.

Mit anderen Worten: Wenn Sie in der frühen Position UTG sitzen, haben Sie noch 9 Spieler hinter sich sitzen, von denen Sie nicht wissen, ob sie jeweils ein gutes Blatt haben oder nicht. Wenn Sie in der späten Position „Button" sitzen und es haben alle Spieler vor ihnen gefoldet, dann haben Sie nur noch 2 Spieler hinter sich. Die Wahrscheinlichkeit, dass hier ein gutes Blatt sitzt, ist entsprechend viel niedriger.

Ein weiteres Problem mit der frühen Position ist die Tatsache, dass man in den nächsten Bietrunden genauso wieder als erstes bieten muss und von stärkeren Händen überboten / geraist werden kann. Wenn nach dem Flop alle vor Ihnen gecheckt haben, können Sie in einer späten Position häufig sehr gut durch ein Gebot den Pot stehlen, wenn alle dann danach raus gehen.

In jedem Fall sind die späteren Positionen aus vielen Gründen im Vorteil. Daher sollte man Karten der Kategorie 3 und schlechter wenn überhaupt nur spät spielen, weil sie sonst einfach keiner großen Erhöhung hinter einem mehr standhalten können.

Wie man sich am besten in welcher Position verhalten sollte, steht ebenfalls in der Pre-Flop-Strategie im Anhang dieses Buches.

Lektion 3 - Das Geld

Beim Pokern geht es um Geld, das ist der Reiz des gesamten Spiels. Natürlich kann man auch um Spielgeld spielen und dadurch eine Menge lernen, aber erst das Spiel um echtes Geld entfaltet das wahre Gesicht des Pokerns.

Jetzt ist Geld aber nicht gleich Geld! Für den einen Spieler sind $1000 extrem viel Einsatz für ein Spiel, für den anderen sind das Peanuts. Wie bereits in der Einführung beschrieben, sollte man das Geld, das man an den Pokertisch bringt (bzw. fürs Online Spiel einlöst), wirklich entbehren können! Das bedeutet nicht, dass es einem egal ist, ob man es verliert oder nicht: Jeder Verlust von finanziellen Mitteln schmerzt, auch einen Millionär! Aber man sollte nicht wirtschaftlich abhängig vom Einsatz an einem Pokertisch sein, sonst wird man sehr schlecht spielen.

Wieso ist das so?

In einigen späteren Kapiteln werden Sie lernen, Druck auf die Gegner auszuüben, auch wenn Sie nicht das beste Blatt haben. Um diesen Druck glaubhaft ausüben zu können, müssen Sie bereit sein, bis zum Schluss zu gehen (z.B. beim „No-Limit" Spiel „All-In") oder z.B. durch einen besonders hohen Einsatz alle Spieler aus dem Spiel drängen. Das heißt nicht, dass Sie das ständig machen werden, aber Sie sollten es in Erwägung ziehen können. Das funktioniert allerdings nicht, wenn Sie den Wert des Geldes für Ihr normales Leben im Hinterkopf haben! Davon müssen Sie sich am Pokertisch verabschieden können…

Im Umkehrschluss soll das aber natürlich nicht bedeuten, dass Sie Haus und Hof verzocken sollen. Eine genaue Planung des Pokerkontos, der sog. „Bankroll", ist von zentraler Bedeutung für eine erfolgreiche Pokerkarriere. Mit einem guten Bankroll Management kann man sehr erfolgreich die finanziellen Mittel schonen, planen und organisieren, ohne dass man Gefahr läuft, alles zu verspielen. Dazu mehr im gleichnamigen Kapitel.

Die Frage, die sich aber ein angehender Pokerspieler als Erstes stellen sollte, lautet:

Wie viel Geld möchte ich für das Pokern ausgeben?

Sie sollten es verkraften können, dieses Geld zu verlieren, sonst macht es wie gesagt keinen Sinn zu spielen. Wir nehmen einmal an, Sie sind bereit $100 zu investieren.

Es hat sich erwiesen, dass man mindestens das 200-300fache des Big Bets beim Limit Poker benötigt, um nicht frühzeitig pleite („Risk of Ruin") zu gehen. In unserem Beispiel mit $100 finanziellem Gesamteinsatz bedeutet das: maximal $0.30 bis $0.50 als Big Bet!! Also mit anderen Worten:

Spielen Sie mit $100 Startgeld am besten an $0.15/0.30 Tischen und allerhöchstens an $0.25/0.50 Tischen. Auch hierzu finden Sie im Anhang an dieses Buch eine Auflistung darüber, welche Tische man mit welcher *Bankroll* (Poker-Guthaben) spielen sollte: „Aufbau einer Bankroll" wird Ihnen helfen, das Geld nicht frühzeitig zu verspielen, sondern es kontinuierlich zu vermehren.

Die *Bankroll* ist der Kontostand / das Guthaben, das Ihnen für das Pokerspiel allgemein zur Verfügung steht. Es ist vergleichbar mit einem Aktienkonto, wofür man ja zum Spekulieren an der Börse einen bestimmten Betrag beiseite legt, aber nach Möglichkeit nicht - wenn es mal schlecht läuft - das Auto verkauft, um noch mehr Aktien kaufen zu können.

Das Bankroll ist aber nicht gleichzeitig das Geld, das man mit an einen Tisch nimmt. Das ist der sog. „Buy-In"! Um beim Vergleich mit den Aktien zu bleiben: Wenn die Bankroll Ihr Gesamtbetrag ist, den Sie fürs Spekulieren an der Börse zur Verfügung haben, ist der „Buy-In" das Geld, das Sie für den Kauf einer bestimmten Aktie investieren. Geschickterweise sollte man ja auch an der Börse nicht alles auf eine Karte setzen, sondern gut streuen, um Risiken zu minimieren. Beim Pokern ist es im Grunde dasselbe Prinzip.

Die meisten Pokertische haben (speziellm beim No-Limit) einen begrenzten Buy-In, in Online Pokerräumen ist das häufig 100 BB.

Beim Limit Hold'em hat sich bewährt, 25 BB mit an den Tisch zu nehmen, weshalb viele Online-Pokerräume dies bereits beim Betreten des Tisches vorschlagen.

Beim No-Limit sieht das alles noch ein wenig anders aus. Hier kann man ja auf einen Schlag so viel verlieren, dass es man wesentlich mehr Luft nach oben haben sollte. Daher hat sich bewährt, beim No-Limit mindestens das 20fache des Buy-Ins in der Bankroll zu haben.

Nach meiner Erfahrung macht es beim No-Limit recht wenig Sinn, mit weniger Geld als dem maximalen Buy-In an einen Tisch zu gehen, es sei denn, es gibt keinen Max-Buy-In. Grundsätzlich können Spieler mit großen Chipstapeln immer mehr Druck ausüben als Spieler mit kleinen Stapeln: logisch, wenn Sie mit $20 All-In gehen und Ihr Gegenüber hat noch $500, wird er wesentlich eher callen um zu sehen, ob er nicht doch gewonnen hat, als wenn er selber noch $21 vor sich liegen hat!

Wie viel Geld man an einen No-Limit Tisch nehmen sollte, sehen viele Spieler allerdings sehr unterschiedlich. Die Frage ist auch nicht allzu einfach zu beantworten. Ich versuche das mal an unserem Beispiel zu verdeutlichen:

Ich habe $100 zur Verfügung. Wenn ich No-Limit spielen möchte, sollte ich höchstens Tische mit $5 Buy-In spielen. Das würde bedeuten, dass ich auf jeden Fall 20mal einen kompletten Bad Beat (= verlieren trotz guter Hand / gutem Spiel) mit All-In bekommen kann, bevor ich pleite bin. Bad Beats kommen allerdings schneller als man denkt. Nehme ich weniger Geld mit an einen größeren Tisch (z.B. $5 an einen $0.10/0.25), habe ich evtl. nicht ausreichen Druckmittel und komme bei ein paar unglücklichen Händen schnell in eine All-In Situation.

Das verdeutlicht vielleicht die Gefahren von No-Limit und wie wichtig es ist, nicht allzu früh an zu großen Tischen zu spielen - vor allem nicht, wenn man noch nicht allzu lange Poker spielt!

Ich würde aus dieser Überlegung heraus jedem Spieler empfehlen, in der Anfangsphase erst einmal nur (Fixed) Limit Poker um Geld zu spielen. Sobald die Bankroll durch Ihre Gewinne wirklich gewachsen ist, können Sie dann auch mal hier und da No- bzw. Pot Limit spielen anstatt in den Bet-Stufen nach oben zu gehen.

Die Wahl des richtigen Tisches und des richtigen Buy-Ins ist zu jeder Zeit der Pokerkarriere eine der wichtigsten Entscheidungen für einen Spieler überhaupt... Auch fortgeschrittene Spieler und Profis müssen sich selber in diesem Punkt immer wieder kontrollieren und korrigieren.

Lektion 4 - Der Spieler

Wieso gewinnen einige Spieler immer wieder?

Bevor wir vollständig in das Erlernen der Theorie und in das Ausprobieren in der Praxis einsteigen, sollte sich einmal jeder (auch Nicht-Anfänger) vor Augen führen, was eigentlich einen guten Pokerspieler auszeichnet!

Die Tatsache, dass bestimmte Spieler vom Pokern leben können und immer wieder im Fernsehen bei den großen Turnieren so weit kommen, ist nicht nur Glücksache, sondern hängt von verschiedenen Faktoren ab. Sich dieser Faktoren ständig bewusst zu sein, ist ein wichtiger Begleiter im Laufe einer erfolgreichen Pokerkarriere.

Glück ist ein anderes Wort für Zufall. Zufall gleicht sich allerdings langfristig gesehen immer aus. Beim Roulette kann es mal vorkommen, dass 15 Runden hintereinander eine rote Zahl kommt, dann kommen 2 schwarze und dann wieder 8 rote! Der Spieler, der die ganze Zeit auf schwarz gesetzt hat, redet natürlich von Pech.

Nimmt man eine Statistik vom Spielcasino über alle Runden Roulette von z.B. 2 Jahren, ist das Verhältnis von rot zu schwarz allerdings immer ziemlich genau 1:1.

Was ich damit verdeutlichen möchte, ist Folgendes: egal ob Sie mit einem Pokerspieler an einem Tisch sitzen, der die ganze Zeit nur Pärchen und hohe Karten zu bekommen scheint und Sie kriegen die ganze Zeit nur schlechte Karten: es wird sich ausgleichen. Daher ist eine der allerwichtigsten Poker Tugenden in erster Linie: GEDULD!

Damit kommen wir zu den goldenen 8 Pokertugenden, die einen guten Pokerspieler auszeichnen:

Lektion 5 - Die 8 Pokertugenden

1) Ein guter Pokerspieler hat Geduld

Jeder Pokerspieler hat Glückstränen und Phasen, in denen er nur schlechte Startblätter bekommt. Es ist völlig egal, wie der Pokertag an einem Tisch beginnt. Wenn der Spieler keine Geduld zeigt und anstatt auf die guten Karten zu warten, die mittelmäßigen oder schlechten spielt, um überhaupt zu spielen, wird der Pokertag auf jeden Fall schlecht für ihn enden! Es gibt sogar Profis, die alles schlechter als AQ wegwerfen! Also Geduld, Geduld und nochmals Geduld! Die guten Blätter WERDEN kommen…

2) Ein guter Pokerspieler erhöht

Zu erhöhen (raisen) anstatt zu callen bedeutet Spiele zu gewinnen! Das klingt im ersten Moment etwas unlogisch (man gewinnt doch nur aufgrund von guten Karten, glauben nach wie vor viele Spieler), ist aber in über 60% der Fälle wahr! Dazu mehr in dem Kapitel über die einzelnen Bietrunden ab S. 79.

3) Ein guter Pokerspieler kennt seine Chancen

Jeder Pokerspieler sollte sich mit den Chancen (engl. *Odds*) bzw. Wahrscheinlichkeiten seines Blattes auseinander setzen. Ein guter Spieler weiß, dass seine Chancen bei 4 Karo auf ein fünftes Karo mit der nächsten Karte und damit auf den Flush bei ca. 19% liegen. Auch sollte er wissen, dass es nur 4 Asse gibt oder nur 4 Zweien, und wie seine Chancen stehen, z.B. ein Full House mit einer folgenden Karte zu treffen. All das erlernen wir im Kapitel über die Outs und Pott Odds ab S. 63.

4) Ein guter Pokerspieler kennt seinen Gegner

Ein beliebter Fehler unter Anfängern ist es, nur sein eigenes Blatt zu sehen und nicht nach links oder rechts zu schauen; oder - noch schlimmer - nur so nebenbei zu pokern und gleichzeitig im Internet zu surfen oder fern zu sehen… Dabei kann das Wissen, mit wem man da eigentlich am Tisch sitzt, eine Menge Geld bringen bzw. ersparen! Wenn Sie z.B. beobachten, dass Ihr Gegner die ganze Zeit schon extrem vorsichtig spielt und ständig rausgeht, aber plötzlich ordentlich erhöht, dann hat er wahrscheinlich ein ziemlich gutes Blatt. Wenn Sie aber am selben Tisch gegen einen Gegner spielen, der schon die ganze Zeit nur erhöht und viel blufft, kann dieses Wissen Sie mit einem mittelstarken Blatt evtl. sehr reich machen! Mehr dazu im Kapitel „*Lektion 6 - **Spielertypen***“ ab S. 53…

5) Ein guter Pokerspieler kennt die Karten des Gegners

Das klingt nach Wahrsagerei und ist natürlich eine sehr fortgeschrittene Kunst des Pokerspiels. Trotzdem ist es möglich. Wenn Sie die zweite Tugend gut befolgen und sehr aufmerksam den Gegner in seinem Setzverhalten „lesen“, dann kann man irgendwann erahnen, was ein Spieler hat, wenn er sich so oder so verhält, und was er als Nächstes tun wird. Selbst wenn Sie die Karten Ihres Gegners nicht konkret kennen, so ist es doch mindestens genauso wichtig zu wissen, welche Karten er haben könnte. Und das lässt sich wesentlich einfacher abschätzen. Daher wird die Frage „Who's got The Nuts?“, also „Wer hat die Nüsse / das beste Blatt?“ zur Gretchenfrage beim Poker. Dazu mehr im Kapitel „*Lektion 22 - Mit der zweitbesten Hand gewinnen*“ ab S.121.

6) Ein guter Pokerspieler kennt sich selbst

Egal welche Karten Ihr Gegner hat oder ob er nur blufft: Sie entscheiden, ob es für Sie weiter geht oder nicht. Dafür sollten Sie sich allerdings mindestens genauso gut kennen, durchleuchten und analysieren können wie Ihren Gegner. Denn wenn Sie z.B. „tilten“, weil Ihr Gegner Sie mehrmals mit schlechten Blättern geschlagen hat, dann werden Sie wahrscheinlich viel Geld verlieren, wenn Sie sich nicht über Ihre eigenen Emotionen bewusst sind. Zu wissen, wann man selber wie reagiert und wie man sich selbst unter Kontrolle hält bzw. bekommt, ist eine der wichtigsten Schlüsselfähigkeiten eines guten Pokerspielers. Bei einigen Spielern dauert es teilweise Jahre, das zu erlernen. Sich selber zu überschätzen oder zu unterschätzen ist ganz leicht. Sich aber realistisch zu reflektieren und der eigenen Fehler, Ängste und Schwächen bewusst zu werden und zu stellen, erfordert sehr viel Übung und Persönlichkeit. Beim Erlernen dieser Fähigkeit hilft Ihnen das Kapitel „*Lektion 17 – Tilt:* ***Hilfe, ich verliere nur noch (gegen mich)!***" ab S. 113.

7) Ein guter Pokerspieler kennt seine Grenzen

Wenn man sich selbst ansatzweise realistisch einschätzen kann und weiß, wann man „heiß gelaufen" ist oder anfängt unkonzentriert zu spielen, dann sollte man auch die Konsequenz besitzen, aufhören zu können. Es ist schon schlimm genug, beim Pokern „heiß zu laufen". Aber es ist schlicht und einfach dämlich, sich darüber in dem Moment bewusst zu sein und trotzdem weiter zu spielen (ein beliebter Fehler, auch von fortgeschrittenen Spielern)! Daher weiß ein wirklich guter Pokerspieler auch, wann er aufhören sollte zu spielen (für den Tag), oder wann er mindestens einmal eine Pause machen sollte.

Ein anderer Aspekt der eigenen Grenzen sind die eigenen Fähigkeiten! Wenn Sie sich z.B. an einen Tisch setzen und nach der dritten Runde feststellen, dass da nur Spieler sitzen, die alle besser spielen als Sie, dann sollten Sie evtl. besser den Tisch wechseln. Das Wenigste, was Sie an einem Pokertisch gebrauchen können, ist ein Kräftemessen, in dem Sie der Schwächste sind. Also sollten Sie sich immer eher einen Tisch mit schwächeren Spielern suchen, denn Sie möchten ja schließlich auf Dauer gewinnen! Dazu mehr im Kapitel „***Lektion 18 - Aufhören, wenn's am schönsten ist!***" ab S. 115…

8) Ein guter Pokerspieler manipuliert seine Gegner

Meistens beginnt eine Pokerkarriere um Geld in Pokerräumen mit kleinen Beträgen. Man will ja nicht gleich Haus und Hof verspielen, nur weil man noch Anfänger ist… Irgendwann kommen Sie von Ihren Fähigkeiten her aber an einen Punkt, an dem Sie das Spiel ansatzweise beherrschen und recht schnell die eigenen Gegner durchschauen und aus ihnen Nutzen ziehen können. Die meisten Spieler fangen dann an, sich selber sicherer im Spiel zu werden und gleichzeitig „hungriger", d.h. sie wollen um mehr Geld spielen und mehr Geld verdienen. Die schlechte Nachricht lautet: damit sind Sie nicht allein! Das bedeutet, dass an höheren Tischen auch mehr fortgeschrittene Spieler spielen. Sie sind dann also nicht der Einzige, der in Gegnern lesen kann, der mittelmäßige Hände wie KT wegschmeißt und der sich Gedanken zu Wahrscheinlichkeiten (Pot Odds) macht. Also müssen Sie anfangen, diese

Tugend zu manipulieren: Sie müssen lernen zu schauspielern, die Taktiken zu wechseln, mal klassisch und dann wieder mal komplett anders zu spielen, die Gegner zu verwirren und dann wieder absolut tight zu spielen. Das erkläre ich etwas genauer im Kapitel „***Lektion 23 - Zickzack spielen***“ ab S. 123.

Lektion 6 - Spielertypen

Eine der ersten Dinge, die man an einem Pokertisch machen sollte, ist die Gegner einzuschätzen! Sie möchten wissen, wie gut Ihr Gegner ist und wie er spielt, um ihn vernünftig ausnehmen zu können. Oder um zu „folden“, wenn Sie ahnen, dass er wohl ein besseres Blatt hält. Also schauen Sie sich an, welche Startblätter ihre Gegner spielen (z.B. wenn im Showdown die Karten gezeigt werden) und merken Sie es sich oder machen sie sich dazu Notizen! Wenn jemand viele Hände spielt, nennt man das locker oder loose, wenn jemand wenige Starthände spielt nennt man das streng oder tight. Das Bietverhalten wird mit passiv oder aggressiv charakterisiert.

In der Regel begegnen Ihnen also beim Pokern vier verschiedene Arten von Spielern:

1) **streng-passiv** (tight-passive)
2) **streng-aggressiv** (tight-aggressive)
3) **locker-passiv** (loose-passive)
4) **locker-aggressiv** (loose-aggressive)

zu 1) Ein **streng-passiver** Spieler spielt wenige Blätter (also nur die besten) und wenn er mitgeht, dann erhöht er nur selten bzw. „seinem Blatt entsprechend“. Wenn Sie gegen einen solchen Spieler spielen, testen Sie immer mal wieder mit Raises vor und nach dem Flop seine wirkliche Stärke an. Wenn er erhöht, gehen sie raus. Dann hat er wirklich ein gutes Blatt. Sonst lassen sich diese Spieler immer sehr leicht aus Pötten herausbluffen.

zu 2) Die meisten guten Pokerspieler spielen größtenteils **streng-aggressiv**. Das bedeutet, dass sie die Geduld haben auf die guten Hände zu warten und wenn sie dann z.B. KK bekommen haben, spielen sie dementsprechend auch starke Erhöhungen! Gegen solche Spieler sollte man Konfrontationen vermeiden bzw. aufpassen, dass man nicht in ihre Fallen tappt. Dieses Buch hat zum Ziel, auch aus Ihnen einen streng-aggressiven Spieler zu machen, weil es die sinnvollste Spielweise für Anfänger und Fortgeschrittene ist.

zu 3) Ein **locker-passiver** Spieler ist einer, der sich gerne Flops anschaut, der aber, wenn er mal ein gutes Blatt hat, nur mäßig bietet. Diese Spieler stellen eine tolle Bank dar, weil sie jeden Pott mit ihrem Geld anreichern, aber selber nur kleine Beträge gewinnen. Diese Spieler sind häufig recht ängstlich und leicht unter Druck zu setzen. Die meisten blutigen Anfänger spielen auf diese Weise.

zu 4) Das größte Sammelbecken für **locker-aggressive** Spieler sind wohl kostenlose Spielgeld-Pokerräume und -Tische mit niedrigen Blinds / Minimum Bets. Hier wird ständig mit den schlechtesten Blättern erhöht und All-In gegangen, weil es ja nur Spielgeld ist bzw. nur wenige Cents sind. Diesen Spielern geht es ums „Zocken", sie mögen Bluffs und lieben den Nervenkitzel, andere Spieler mit einem All-In unter Druck zu setzen. Häufig gelingt es diesen Spielern damit, den Pot zu stehlen und z.B. in Turnieren besonders in der Anfangsphase immer mal wieder zu den Chipleadern zu gehören (also zu den Spielern mit den meisten Chips am Tisch bzw. im Turnier). Aber eben immer nur eine Zeit lang… Auch mit diesen Spielern kann man sehr gut seinen Chipstapel aufbessern, man muss nur Geduld haben, sich nicht über ihr Glück aufregen und auf die richtigen Karten warten. Wenn man dann „The Nuts" hat, lässt man sie wie gewohnt angreifen… Sie werden nichtsahnend in die Falle laufen und kräftig bezahlen!

Als Profi sollte man sein Spiel natürlich auf Dauer variieren und mal streng-aggressiv, dann zwischendurch mal locker-aggressiv spielen um dann plötzlich wieder locker-passiv zu spielen. Denn genauso, wie Sie ja versuchen werden bzw. sollten, Ihre Gegner einzuschätzen, werden es gute Gegner auch mit Ihnen machen. Wenn Sie etwas erfahrener sind, wechseln Sie mal testhalber das Tempo, das Biet- und Mitspielverhalten und am besten auch die Körpersprache (wenn möglich). Langfristig ist die Kontrolle am Tisch und Undurchsichtigkeit die stärkste Waffe beim Pokerspiel… Doch das ist eher als Ausblick in die Zukunft zu sehen.

Als Anfänger und auch als fortgeschrittener Anfänger sollten Sie sich auf ein tight-aggressives Spiel konzentrieren!

Kapitel 3

Spielbeginn

„Everybody blows their first money!“

-- Lorne Michaels

Los geht's

So, jetzt aber genug der Theorie, es wird Zeit für ein wenig Praxis. Sie haben jetzt ein paar grundlegende Dinge übers Pokern erfahren, die Sie entweder vorher schon wussten oder auch nicht. In jedem Fall ist es ein sehr großer Unterschied, ob man eine Theorie kennt, oder sie auch praktisch umsetzen kann… Deshalb werde ich in diesem Buch immer wieder auffordern, bestimmte Dinge praktisch umzusetzen. Auch wenn das vielleicht im ersten Moment etwas sonderbar erscheint, ein Buch quasi „interaktiv" zu lesen, wird es Ihnen langfristig helfen, glauben Sie mir!

Also, als erstes sollten Sie sich bei einer Online-Pokerseite anmelden. Bei vielen Seiten gibt es einen satten Bonus vom Anbieter zur ersten Einzahlung geschenkt. Sie müssen aber nicht mit einer Einzahlung von Echtgeld beginnen, wir werden zu diesem Zeitpunkt erst einmal nur um Spielgeld spielen. Auf der Seite zu diesem Buch **www.poker-mit-system.de** werden regelmäßig sämtliche der seriösen Pokerspiel-Anbieter zusammengefasst, beschrieben und auch bewertet. Melden Sie sich bei einem der Räume dort an, der Ihren Vorstellungen entspricht. Als erstes spielen wir eh erst einmal um Spielgeld, es kann also nichts passieren. Langfristig ist Poker natürlich ein Spiel um Geld. Dennoch rate ich niemandem, seine ersten Erfahrungen mit Echtgeld-Spielen zu sammeln: das kann unangenehm teures Lehrgeld sein.

Wenn Sie schon Online-Poker gespielt haben (evtl. auch bereits um Geld) ist dies der richtige Zeitpunkt, um einmal von vorne zu beginnen. Sie sollten natürlich kein Geld wegwerfen, das Sie auf einem anderen Pokerkonto haben, aber wenn sie bisher eher verloren als gewonnen haben, dann sollten Sie sich zum Lernen eine neue Software suchen. Das macht vor allem psychologisch Sinn, um nicht in alte (falsche) Verhaltensmuster bei gewohnter Umgebung zu verfallen.

Sobald Sie sich die Software heruntergeladen und installiert haben, füllen Sie alle Daten korrekt aus und starten Sie Ihr neues Pokerkonto. Auch hier keine

Sorge, auf der o.g. Seite werden nur die wirklich seriösen Anbieter geprüft und vorgestellt.

Die Pokersoftware

Ich werde die Beispiele in diesem Buch über Pokersoftware auf die Software von *Partypoker* beziehen. Zum einen ist das einer der größten und bekanntesten Anbieter weltweit und zum anderen ist die Software recht bedienerfreundlich, wie ich finde. Da hat aber sicher jeder andere Vorlieben, die Beispiele sind natürlich auf jeden anderen Pokerraum genauso übertragbar.

Also: nachdem die Software installiert ist, die Daten eingegeben sind und Sie sich mit der Software ansatzweise vertraut gemacht haben, stehen Ihnen verschiedene Bereiche zur Auswahl:

- Cash-Games

- Sit&Gos

- Tournaments

- Play Money Games

Die ersten drei Bereiche beschreibe ich später in diesem Buch, wir konzentrieren uns erst einmal auf "Play Money Games": die Spielgeld-Tische, und da im speziellen auf die „No-Limit Hold'em"- und die „(Fixed) Limit Hold'em"-Tische.

Man verfügt in der Regel automatisch über eine bestimmte Menge Spielgeld in seiner Bankroll, die man auch jederzeit nachfüllen bzw. wieder auffüllen kann. Damit werden wir anfangs ein wenig arbeiten, also keine Sorge, wenn das Geld hier mal schnell „verzockt" ist, es ist ja nur Spielgeld…

Spielen Sie ruhig erst einmal auf den verschiedensten Tischen ein paar Spiele und Turniere um mit der Software klar zu kommen, um die Unterschiede der einzelnen Bereiche in der Praxis kennen zu lernen und sich mit den Regeln mehr und mehr vertraut zu machen. Egal, ob Sie jetzt viel Geld dabei gewinnen oder verlieren: Zum jetzigen Zeitpunkt steht der „Profit" erst einmal im Hintergrund, sondern der Spaß am Spiel und das Kennenlernen der Software ist das Ziel.

Aber sobald Sie sich mit der Software ansatzweise vertraut gemacht haben, sollten wir auch damit beginnen, ein wenig Theorie in das Spiel mit einfließen zu lassen, schließlich wollen Sie ja auch etwas lernen dabei! Dafür gibt es die ersten beiden kleinen Übungen:

Übungen Teil 1 - Spielertypen erkennen

Übung 1)

- Gehen Sie an einen „Texas Hold'em *LIMIT*"-Tisch mit $5/10 Bets und mit mindestens 7 Spielern. Die Menge Geld, die Sie an den Tisch nehmen (Buy-In) ist zunächst egal, aber prinzipiell gilt: je mehr desto besser. Sie werden erst einmal hauptsächlich beobachten und wenig spielen (nur Blätter der Kategorie 1 und 2! Nichts anderes!!)

- Nehmen Sie Ihr Notizheft (oder einfach ein Blatt Papier, oder machen Sie ein Notepad am PC auf) und machen Sie sich Notizen zu jedem einzelnen Spieler am Tisch: Mit welchen Blättern geht wer bis zum Showdown, mit welchen Blättern bietet wer wie aggressiv? (z.B. bietet jemand häufig, obwohl er nur ein mittleres Pärchen hat, o.ä.?) Wer blufft viel, wer wenig?

- Versuchen Sie aus Ihren Notizen jeden Spieler einzustufen: locker-aggressiv? streng-passiv? usw.

- Sollten Sie ein spielbares Blatt bekommen und selber mal eine Runde mitspielen, dann üben Sie sich in einem kontrolliert / halb aggressiven Spiel. Schlagen Sie nicht über die Stränge, sondern erhöhen Sie moderat und den Karten entsprechend (z.B. Wenn Sie KK auf der Hand haben, ein Ass auf dem Tisch liegt und jemand aggressiv bietet, sollten Sie Ihre Könige wegwerfen können…) Möglichst keine Bluffs zu dieser Zeit!

Es geht in dieser Übung nicht ums Gewinnen, sondern darum, andere Spieler einschätzen zu lernen. Sollten Sie dennoch Ihr Geld verspielen, können Sie sich - weil es ja Spielgeld ist - regelmäßig Geld nachholen. Also kein Grund zur Panik…

Übung 2)

- Machen Sie dasselbe mit einem „Texas Hold'em *No-Limit*"-Tisch und $5/10 Bets. Auch hier wieder: keine übertriebene Aggressivität, kein ALL-IN, keine großartigen Bluffs.

Erneut geht es nicht darum, Spiele zu gewinnen, sondern Spieler einschätzen zu lernen! Sie werden besonders im Vergleich zwischen Übung 1 und 2 feststellen, dass die Spieler sich unterschiedlich verhalten an No-Limit- und an Fixed Limit-Tischen.

Auf geht's.

Na, wie isses? Haben Sie die Übungen gemacht? Oder haben Sie sie nur gelesen und sich gedacht „Ach, ich kann mir schon denken, was dabei herraus kommt, das überspring ich mal / mache ich später"? Das wäre bequem… und einfach… aber nicht der Sinn dieses Buches! Um es mit den Worten aus dem Film „Matrix" zu sagen: „Es ist ein Unterschied, ob man den Weg nur kennt, oder ob man ihn beschreitet!"

Sie möchten ein richtig guter Pokerspieler werden? Dann fangen Sie an! Es beginnt nicht bei den *WSOP*, nicht beim Online-Turnier um $10.000, sondern ganz genau hier! Denn dies hier sind die BASICS, die Sie im Schlaf beherrschen müssen, ohne darüber nachzudenken. Wenn Sie irgendwann mal an einem richtig großen Turnier teilnehmen und schon alleine diese Fähigkeiten nur aus der Theorie und aus Büchern kennen, werden die anderen Spieler Sie überrollen! Also, keine falsche Scheu, es wird Sie nicht umbringen…

Kapitel 4

Poker Theorie I

„The odds are merely a framework for play, like the lines of a tennis court."

-- David Spanier (1901)

Lektion 7 - Pot Size

Bevor wir mit Wahrscheinlichkeiten, Pot Odds, Slowplay usw. ins Eingemachte gehen, möchte ich ein paar grundlegende Dinge zum Thema Pot Size verdeutlichen. Die Größe des Pottes (Pot Size) spielt eine sehr zentrale Rolle bei allen theoretischen Überlegungen ums Pokern. Je mehr Geld im Pot ist, desto eher lohnt es sich manchmal, zu raisen statt zu callen, zu bieten statt zu checken, oder sogar zu raisen statt zu folden!

Es ist also immer sehr wichtig, dass Sie sich die Größe des Pots anschauen im Verhältnis zu dem, was Sie gerade bieten sollen.

Um das etwas mathematisch klarer eingrenzen zu können und um quasi einen „Leitfaden" zum Bieten zu haben, wurden die sog. **Pot Odds** definiert: sie geben sich an, ob sich ein Call oder sogar ein Raise für den Spieler lohnt oder nicht.

Aber um damit umgehen zu können, muss man erst einmal wissen: Was kann mir überhaupt meine Hand verbessern? Wie viele und welche Karten müssen noch kommen, damit ich beim Showdown das beste Blatt hab? Diese Karten sind die sog. **Outs**:

Lektion 8 - Outs

Wenn Sie zwei Asse als Pocket Cards bekommen und dann kommt AKK auf dem Flop, brauchen Sie natürlich nicht sonderlich lange überlegen, ob sich ein Call oder ein Raise für Sie lohnt. Genauso klar sollte die Entscheidung sein, was Sie machen wenn Sie 67s haben, es kommt AKK und jemand anderes geht All-In: Im ersten Fall haben Sie das beste Blatt (die sog. „Nuts"), im zweiten Fall wohl eher weniger…

Aber im Poker ist es natürlich selten so einfach wie in diesen Beispielen, sondern meistens wesentlich komplizierter. Häufig haben Sie ein ganz gutes Anfangsblatt, dann kommen drei Karten, die zwar ganz ok für Sie aussehen, Ihnen aber noch nicht das wirklich beste Blatt bescheren.

Was dann? „Hat nicht geklappt, also raus sobald jemand bietet?" - „Alles mitgehen, weil die goldene Karte ja evtl. gleich kommt?" Das kann man nicht pauschal beantworten, sondern es hängt vom Einzelfall ab.

Aber woher weiß ich, wie ich mich zu entscheiden habe? Dazu müssen Sie als erstes wissen, WAS Sie überhaupt brauchen, um das wahrscheinlich beste Blatt am Tisch zu bekommen. Daher zählt man erst einmal die sog. **Outs**: das ist die Anzahl an Karten im Deck, die Ihnen weiterhelfen würden.

Dazu mal ein paar Beispiele:

1)

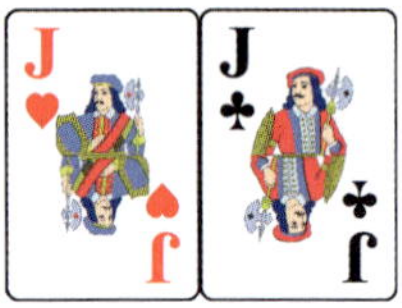

SPIELER

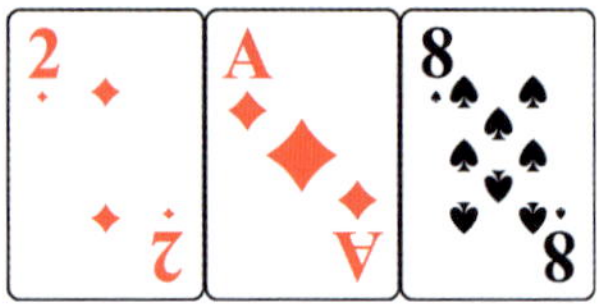

FLOP

Falls jemand auch nur ein Ass hat, ist Ihr Bubenpärchen hier schon geschlagen. (Das Ass nennt man hier auch „Overcard") Also benötigen Sie einen dritten Buben, damit Sie wieder vorne liegen. Da Sie ja schon zwei auf der Hand haben, bleiben noch zwei weitere übrig, die Ihnenweiter helfen, Sie haben hier also genau <u>2 Outs</u>.

2)

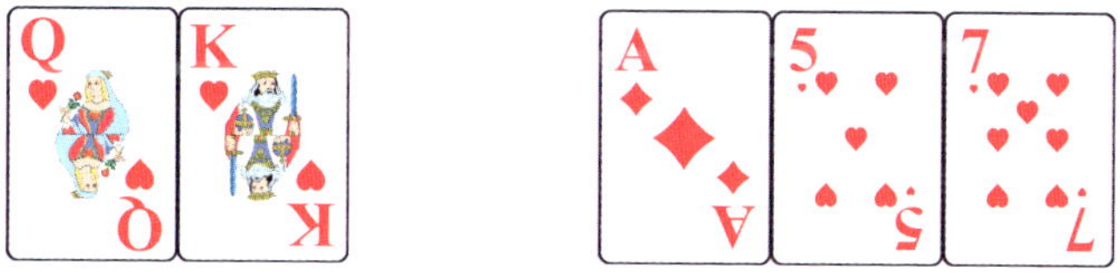

SPIELER FLOP

Auch in diesem Fall benötigen Sie Hilfe auf dem Turn oder auf dem River, denn aktuell haben Sie nichts, und jeder der ein Ass hat, schlägt Ihre Hand. Da der Flop Ihnen aber das dritte und vierte Herz beschert hat, reicht Ihnen ein Herz, um einen Flush zu bekommen! (Diese Hand mit 4 Karten derselben Farbe, die noch eine weitere Farbe benötigt nennt man auch „Flush Draw".) Es sind ja 13 Karten von jeder Farbe im Deck. Abzüglich der 4, die Sie ja bereits haben bleiben noch 9 Herz-Karten im Deck, von denen Sie eine benötigen. Also hätten Sie in diesem Fall 9 Outs.

3)

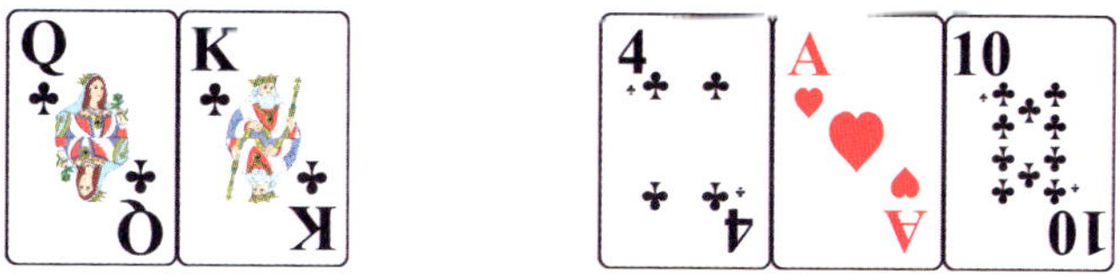

SPIELER FLOP

In diesem Fall haben Sie zwei Chancen das Top Blatt zu bekommen: Sie haben sowohl einen Flush Draw als auch einen sog. „Gutshot Straight Draw": Entweder kommt ein Kreuz und Sie haben den Flush oder es kommt ein Bube und Sie haben die Straight TBQKA. Für den Flush haben Sie wieder 9 Karten, die Ihnen helfen, also 9 Outs und für die Straight würde Ihnen einer der 4 Buben helfen. Den Kreuzbuben (der Ihnen zwar die Straight aber auch den wertvolleren Flush beschert) dürfen wir natürlich nicht doppelt zählen, also haben Sie noch 3 weitere Outs zur Straight. Macht also zusammen 12 Outs!

Aber was bringen Ihnen diese Outs jetzt?!?

Wenn Sie wissen möchten, mit welcher Wahrscheinlichkeit Sie gewinnen werden, können Sie entweder eine ziemlich lange Liste auswendig lernen (finden Sie im Anhang) oder einmal lernen, wie man Outs errechnet und sich dann eine ganz einfach Formel merken:

nach dem Flop: Wahrscheinlichkeit = Outs x 4

nach dem Turn: Wahrscheinlichkeit = Outs x 2 + 2

In unseren Beispielen sieht das dann so aus:

1) 2 Outs, also ca. 8% bzw. 6% Wahrscheinlichkeit auf den Drilling

2) 9 Outs, also ca. 36% bzw. 20% Wahrsch. auf den Flush

3) 12 Outs, also ca. 48% bzw. 26% Wahrsch. auf Straight oder Flush

Und DAS hilft Ihnen ungemein, wenn es darum geht, wie man sich in einer solchen „drawing situation", also einer Situation in der man noch eine weitere Karte benötigt, verhält… Man wendet die Wahrscheinlichkeit zu gewinnen auf das Geld an, das gefordert ist. Das zusammen ergibt dann die sog. ***Pot Odds***:

Lektion 9 - Pot Odds

Man liest in verschiedenen Büchern, Foren, z.T. sogar in der einen oder anderen Pokersoftware immer wieder etwas von **Pot Odds**. Aber was genau ist das? *Odd* ist englisch und heißt *Chance.* Und *Pot Odds* sind die Chancen zu gewinnen in Relation zum Pot, also zum Geld in der Mitte.

Im Grunde sind die Pot Odds nichts als eine Stütze für den Spieler, die mathematischen Wahrscheinlichkeiten und Chancen einzuschätzen und damit langfristig erfolgreich zu spielen. Ein Call aufgrund von positiven Pott Odds bedeutet, dass - wenn diese Situation 1000mal kommt - Sie langfristig mit dieser Spielart Plus machen werden.

Um Pot Odds verständlich zu machen, muss man sich aber erst einmal ein wenig vom Pokern entfernen:

Ein wichtiger Grundsatz bei der Überlegung, ob ich irgendein Spiel um Geld eingehe oder nicht, ist ja: Was kann ich an Gewinn erwarten?

Wenn Sie z.B. mit jemandem eine Münze werfen, und Sie bei „Kopf" von ihm $10 bekommen, und er bei „Zahl" von Ihnen $10 bekommt, dann ist die langfristige Gewinnerwartung für beide gleich 0! Glück und Pech - wie bereits in der Einleitung erwähnt - werden sich auf Dauer ausgleichen und Sie schieben sich hierbei ständig gegenseitig $10 hin und her. Wenn er Ihnen aber $20 zahlt, sobald „Kopf" kommt, ist Ihre Gewinnerwartung plötzlich positiv, nämlich $5.

Wieso nur $5? Sie gehen ja davon aus, dass Sie - mathematisch gesehen - jedes zweite Mal im Schnitt gewinnen. Wenn Sie also von zwei Spielen eins gewinnen und eins verlieren, haben Sie insgesamt $20 eingesetzt und $30 bekommen (im Gewinnerspiel Ihre $10 und seine $20). Das ist im Durchschnitt $15 pro Spiel. Bei $10 Einsatz pro Spiel ergibt sich also eine Gewinnerwartung von $5 pro Spiel.

Wenn man so etwas weiß, kann man auf Dauer damit sehr viel Geld verdienen!

Wie wirkt sich diese Erkenntnis also aufs Pokern aus?

Neben den vielen Erfahrungen aus dem Spiel haben statistische Erhebungen über Millionen von Pokerpartien ergeben, dass bestimmte Blätter eine höhere Gewinnerwartung haben als andere: daher die Einteilung in die Startblatt-Kategorien! Selbst wenn jemand mal mit 39o gewinnt, weil im Flop 399 kommt, wird er auf Dauer genau aus diesen Gründen mit solchen Blättern all sein Geld verlieren.

Die Fähigkeit, mit Pot Odds umzugehen und sie im Pokerspiel einzusetzen ist ENORM wichtig fürs Pokern. Also, lieber dieses und das vorherige Kapitel zweimal lesen und die folgenden Übungen doppelt so häufig machen als zu wenig… Denn sie sind wie Fahrrad fahren: Einmal gelernt, kann man es im Schlaf!

Also, los geht's:

Wie man Outs und Wahrscheinlichkeiten berechnet, wissen Sie ja jetzt. Jetzt müssen wir die berechnete Wahrscheinlichkeit, ein Gewinnerblatt zu bekommen nur noch auf das Geld umrechnen, das wir bieten sollen. Allerdings sei dazu gesagt, dass man grundsätzlich für die normalen Pot Odds nur die Wahrscheinlichkeit nimmt, ob die gewünschte Karte bei der nächsten Karte kommt, nicht ob sie z.B. auf dem Turn oder dem River kommt.

Wieso? Weil Sie ja ein Verhältnis zwischen Gewinnwahrscheinlichkeit und aktuellem Gebot bzw. aktuellem Pot herstellen! Wenn Ihr Gegner beim Flop $10 bietet bei $100 im Pot und auf dem Turn plötzlich mit $200 All-In geht, werden Sie wahrscheinlich den River gar nicht mehr sehen, wenn Ihre Karte auf dem Turn nicht gekommen ist…

Beim No-Limit Hold'em ist es deshalb schwer, die Pot Odds für Turn UND River zu benutzen. Beim Limit Hold'em sieht das zwar schon etwas anders aus, aber dazu mehr im Kapitel über die Implied Odds ab S. 119.

Für uns gilt in dieser Situation: Wahrscheinlichkeit = **Outs x 2 +2!**

Nehmen wir dazu wieder ein paar Beispiele:

1)

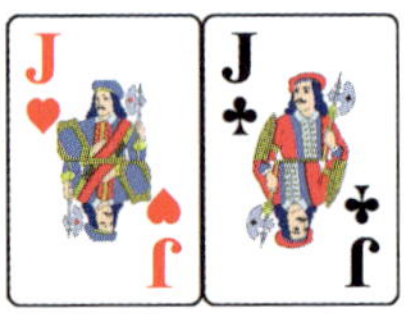

SPIELER

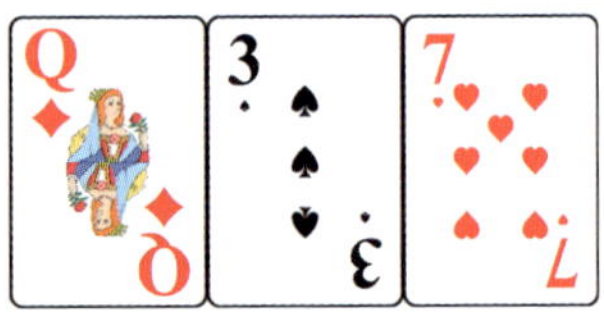

FLOP

Im Pot liegen $80 und Ihr Gegner bietet $10. Sie brauchen wegen der Overcard Dame höchstwahrscheinlich einen Buben zum Drilling, wenn Ihr Gegner Stärke signalisiert. Wie wir ja wissen, haben Sie dadurch 2 Outs, und die Wahrscheinlichkeit, dass der Bube kommt, liegt laut Faustregel bei 8% (Outs x 4) bis zum River, bei 6% (Outs x 2 +2) bis zur nächsten Karte. Schauen wir uns einmal den Pot an: Sie müssen $10 einsetzen, um $100 zu bekommen.

Das bedeutet anders ausgedrückt: Sie brauchen bei dieser Gewinnerwartung MINDESTENS eine 10%ige Gewinnchance mit der nächsten Karte, damit sich diese Spielweise auf Dauer rentiert.

Da Ihre Gewinnchance aber in diesem Fall nur bei 6% liegt, schmeißen Sie Ihr Blatt weg, wenn Sie wissen, dass Ihr Gegner die Dame hat. Es lohnt sich einfach nicht! Wenn Sie diese Situation 100.000mal hintereinander spielen, und das „Glück" sich mehr oder weniger ausgleicht, werden Sie mit dieser Hand bei diesem Pot/Bet-Verhältnis auf Dauer verlieren.

2)

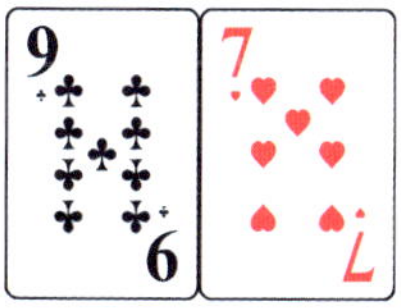

SPIELER

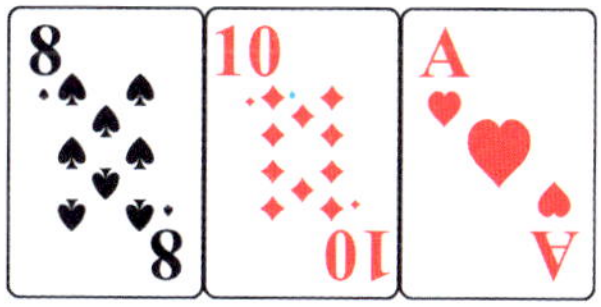

FLOP

Wieder liegen $80 im Pot und Ihr Gegner bietet diesmal sogar $20 (weil er z.B. Ass und Dame als Kicker hat).

Diesmal müssen Sie also $20 einsetzen, um $120 zu bekommen. Demnach bräuchten Sie von den Pot Odds her eine Gewinnchance von mind. 16,7% für Ihr Blatt, damit das Ganze Sinn macht. Jetzt haben Sie mit Ihren Karten eine sog. „Open ended straight draw", also eine fast fertige Straße, denn eine 6 oder ein Bube macht aus Ihrem Blatt eine Straight. Es gibt 4 Sechser und 4 Buben im Deck, Sie haben also insgesamt 8 Outs. Nach der o.g. Formel wäre das 8 x 2 + 2=18, also haben Sie eine 18%ige Chance auf Ihre Straße mit der nächsten Karte… Sie callen!

Jetzt erinnern Sie sich einmal, wie Sie (wahrscheinlich) bisher meistens gespielt haben:

Sie bekommen ein Bubenpärchen (!) und es kommt Q37 mit dem Flop. Haben Sie bisher wirklich an dieser Stelle immer ihre Karten weg geworfen, wenn $80 im Pot waren und $10 gefordert wurden?

Oder wenn Sie 97o kriegen, haben Sie bei einem solchen Blatt überlegt mitzugehen, OBWOHL ein Ass und eine 10 im Flop lagen und der Gegner $20 bei $80 im Pot geboten hat?

Wahrscheinlich nicht. Genau deshalb gewinnen Spieler, die mit Pot Odds arbeiten, mehr Geld als Spieler, die nur nach ihrem Gefühl spielen!

Viele fortgeschrittene Spieler kennen diese Zahlen nur so ungefähr und spielen sie nach Gefühl. Anfängern empfehle ich, sich diese Listen immer mal wieder anzuschauen und in bestimmten Spielsituationen auch mal nach der Liste ein Blatt aufgrund der guten pre-Flop-Pot-Odds (sh. Kapitel „*Pot Odds vor dem Flop*“ ab S. 72) zu spielen, das man sonst weggeworfen hätte.

Prozente oder 1 zu X oder wie?

In der Literatur und auch auf verschiedenen Internetseiten werden die Pot Odds auf unterschiedliche Art und Weise berechnet: Entweder so wie wir hier mit Prozenten, oder aber mit „1 zu Irgendwas“. Auch an den Tischen hört man immer mal wieder Spieler zueinander sagen: „Wieso hast du nicht gecallt? Du hattest immerhin Pot Odds von 4 zu 1!“ usw.

Grund genug, um auch diese Rechenweise einmal zu durchleuchten…

Beispiel:

Nehmen wir dazu einmal den beliebten Flush Draw auf dem Flop.

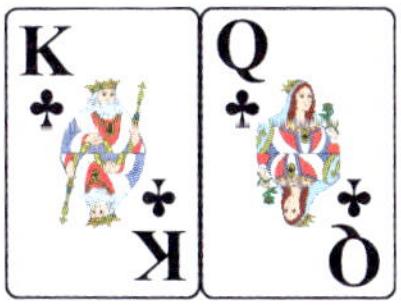

SPIELER

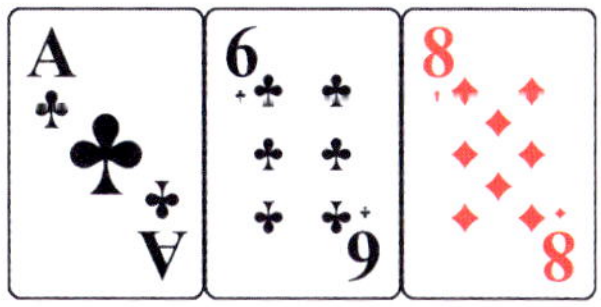

FLOP

Ein Flush Draw hat 9 Outs, also helfen Ihnen von den unbekannten 47 Karten (52-5) insgesamt 9 Karten zur besten Hand und 38 helfen Ihnen nicht. Prozentual gesehen bedeutet das: in 9 von 47 Fällen gewinnen Sie mit der nächsten Karte, also ist Ihre Gewinnwahrscheinlichkeit dafür 9/47 bzw. 19,15% (was ungefähr der Formel „9x2+2" entspricht)

Wenn Sie aber den verdeckten Kartenstapel in zwei Haufen aufteilen (Kreuz und alle anderen), haben Sie auf der einen Seite 9 Karten Kreuz und auf der anderen Seite 38 Karten Nicht-Kreuz liegen. Mathematisch entspricht das einem Karten-Haufen-Verhältnis von 9 Karten im Gewinnerhaufen zu 38 Karten im Verliererhaufen, also 9 zu 38 bzw. 1 zu 4.22.

Bei einem Pot von $200 und einem Einsatz von $50 bedeutet das: Wenn Sie hier callen, beschert Ihnen der Gewinnerhaufen $200 Gewinn oder der Verliererhaufen $50 Verlust. Also haben Sie ein Gewinn-Verlust-Verhältnis von 200 zu 50 bzw. 4 zu 1.

Wenn Sie also vor einen solchen Bet im Spiel gestellt werden und den oben genannten Flush Draw haben, dann sollten Sie eher folden, denn Sie gewinnen nur jedes 4.22te Mal das 4fache Ihres Einsatzes…

Wenn man das hochrechnet, könnte man auch sagen: bezogen auf 1 Dollar Einsatz gewinnen Sie 9mal jedes Mal das Vierfache Ihres Einsatzes (also jeweils 36 Dollar). Sie verlieren aber 38mal Ihren Dollar Einsatz und das entspricht einem 2-Dollar-Verlustgeschäft!

Deshalb ist es wichtig, die Gewinnwahrscheinlichkeit und die Gewinnerwartung gegenüberzustellen.

Wieso macht man das nicht einheitlich?

Für einige Spieler ist es nun mal einfacher, alles mit den Prozenten zu errechnen, für andere ist diese Art „1 zu 4.22“ die einfachere. Das muss jeder für sich entscheiden. Ich persönlich finde die Prozente einfach zu rechnen, wenn es um eine allgemeine Wahrscheinlichkeit geht, weil die o.g. Formeln (Outs x 4, Outs x2 +2) recht einfach dafür sind.

Wenn ich Pot Odds berechne, lande ich allerdings immer bei „1 zu X“: Wenn ich auf dem Tisch $50 sehe und $10 callen soll, sehe ich auf den ersten Blick nicht 16,67% sondern eher 1 zu 5. Leider muss man bei „1 zu X“ das Verhältnis von Outs zum jeweiligen Wert auswendig lernen, weil es dafür keine brauchbare Formel gibt.

Die meisten Spieler wissen die gängigsten Werte aber längst auswendig, so dass man beides benutzen kann. Aber es muss jeder für sich selber herausfinden, womit er besser rechnen kann.

Pot Odds vor dem Flop

Es gibt noch eine weitere Situation, Pot Odds in seine Überlegungen zu integrieren, die wir noch nicht besprochen haben: Die Pot Odds vor dem Flop!

Diese Pot Odds lassen sich nur schwer mit Outs und Formeln berechnen, sondern man muss sie auswendig lernen. Anfängern wird das sicherlich etwas zu viel der Mathematik werden, aber wenn man sich einmal an Pot Odds gewöhnt hat, sollte man diese Situation gleich mit in die Überlegungen einbauen.

Hierzu erneut ein Beispiel:

Zwei Karten derselben Farbe haben immer eine 11%ige Chance (bzw. 1 zu 8), dass zwei weitere Karten derselben Farbe auf dem Flop kommen. Anders ausgedrückt: In 11% aller Fälle bekommen Sie einen Flush Draw!

Was bedeutet das jetzt in der Praxis? Wenn Sie in der Button-Position J2s auf der Hand halten, würden Sie dieses Blatt ja normalerweise wegwerfen. Wenn jetzt aber z.B. vor Ihnen bereits 7 Spieler nur gecallt haben, dann sind bereits 7 BB im Pot und Sie müssen nur 1 BB einsetzen. Wenn der SB foldet und der BB checkt, wären das insgesamt 8,5 BB, die Sie gewinnen könnten im Verhältnis zu 1 BB Einsatz! Da Sie 8,5 zu 1 bekommen bei einer Chance von 1 zu 8, würde sich dieser Call lohnen.

Ähnliches gilt z.B. bei kleinen Pocket Pärchen: 22 oder 33 haben eigentlich nur eine Möglichkeit zu gewinnen, wenn sie zum Drilling werden. Da die Wahrscheinlichkeit bei 12% (bzw. 1 zu 7) liegt, sollte man mit diesen Pärchen pre-Flop nur callen, wenn die Pot Odds vor dem Flop das auch hergeben. Viele Anfänger spielen kleine Pärchen vor dem Flop sehr gerne mit, aber besonders Fullring (also bei vielen Spielern am Tisch) sollte man diese Hände wirklich nur dann spielen, wenn der Pot bereits vor dem Flop entsprechend groß ist und man selber im Verhältnis dazu nur einen kleinen Einsatz bringen muss, um den Flop zu sehen und evtl. seinen Drilling zu komplettieren.

Aber wie gesagt: diese Variante ist eher Schritt 2 auf der Pot Odds-Leiter.

Extra Outs

Wenn die Pot Odds vor dem Flop der zweite Schritt auf der „Pot Odds Theorie"-Leiter sind, dann sind Extra Outs wohl der dritte:

Häufig kommt es vor, dass Sie mit dem Flop plötzlich auch noch zusätzliche Chancen auf die beste Hand bekommen. Diese nennen sich Extra Outs und werden zu den eigentlichen Chancen addiert.

Beispiel:

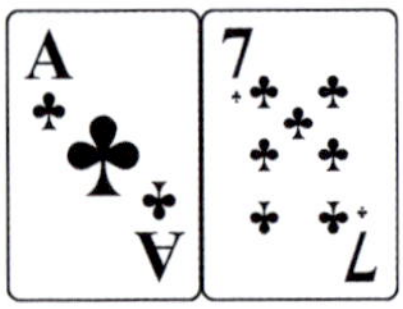

SPIELER

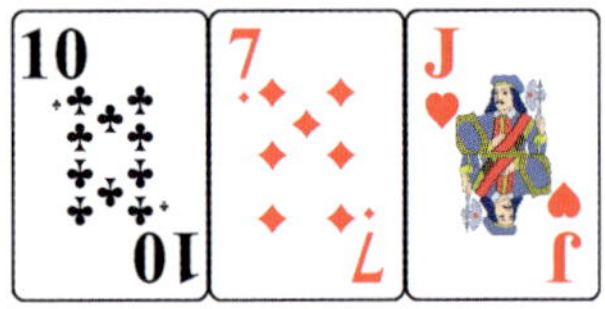

FLOP

Ihre offensichtlichen Outs sind in dieser Situation die zwei noch verbleibenden Siebenen für den Drilling. Ein weiteres Ass kann Ihnen zwar ein Doppelpaar bescheren, aber Sie verlieren damit gegen AT und AJ. Der Einfachheit halber konzentrieren wir uns hier einmal auf das definitiv beste Blatt bei der Berechnung. Das macht also 2 Outs und somit eine Wahrscheinlichkeit von 8%, dass der Drilling spätestens auf dem River kommt.

Sie haben mit den drei Kreuz allerdings auch eine 4%ige Wahrscheinlichkeit auf einen Flush (wenn sich Turn UND River dabei helfen)! Diese Chance nennt sich „Backdoor Flush Draw“. Alleine gesehen wäre das ja jeweils zu wenig um mitzugehen, kombiniert man allerdings die beiden Wahrscheinlichkeiten, sieht das ganze schon etwas interessanter aus:

8% auf den Drilling plus 4% auf den Flush = 12% insgesamt.

Nicht jeder Spieler setzt sich mit den Extra Outs auseinander, aber es lohnt sich, diese Überlegung in sein Spiel zu integrieren. Das muss nicht von Anfang an passieren, es gehört eher in die Abteilung *Pot Odds für Fortgeschrittene* und ist Teil des zweiten Bandes von „TEXAS HOLD'EM POKER MIT SYSTEM“. Aber wenn Sie sich erst einmal daran gewöhnt haben, nach Pot Odds zu spielen, werden Ihnen diese Situationen begegnen, in denen Sie plötzlich - ohne dass Sie es geplant haben - die Extra Outs sehen. Und dann integrieren Sie sie auch mal hier und da in Ihre Überlegungen, denn sobald Sie sie sehen, können Sie auch nach ihnen spielen.

Alle möglichen Extra Outs zu nennen, würde für dieses Buch etwas zu weit führen, aber wer die Extra Outs gerne in seine Überlegungen mit einbeziehen möchte, dem sei für die häufigsten Extra Outs folgende Faustregel genannt:

Für einen sog. „Backdoor Straight Draw“ rechnet man 0,5 Outs bzw. 2% und für einen „Backdoor Flush Draw“ 1 Out bzw. 4% extra.

Wenn dieses Thema Ihnen an dieser Stelle etwas zu verwirrend erscheint, ist das überhaupt kein Problem! Konzentrieren Sie sich auf die „normalen“ Pot Odds, das wird Ihr Spiel bereits entscheidend genug nach vorne bringen!!

Übungen Teil 2 - Pot Odds lernen

Ich hoffe, ich konnte die enorme Bedeutung von Pot Odds für erfolgreiches Pokern ein wenig verdeutlichen. Es ist allerdings nicht nur wichtig, sie in der Theorie zu kennen, oder sie auf irgendwelchen Tabellen neben der Tastatur liegen zu haben, sondern man muss sie im Schlaf beherrschen! Man sollte z.B. auch die Outs auf einen Blick sehen können, wenn der Flop kommt, wenn man als Spieler erfolgreich werden will, denn im Spiel werden Sie sich noch auf ganz andere Dinge konzentrieren müssen, da sollten auch diese „Skills“ zu Ihren Basics gehören. Das erfordert eine Menge Übung, und die sollten Sie sich geben, also wieder: Ab an den Pokertisch!

Übung 3)

- Gehen Sie an einen „Texas Hold'em Fixed Limit (FL)“-Spielgeldtisch mit $10/20 und spielen Sie ein locker-passives Spiel. Das heißt, dass Sie sich viele (nicht alle!) Flops anschauen, aber die ganze Zeit eher callen als raisen. Auch hier geht es wieder nicht darum, ein gutes Spiel zu machen, zu gewinnen oder eine tolle Taktik hinzulegen. Sie sollen sich mit den Outs und den Pot Odds vertraut machen und lernen sie anzuwenden.

Selbst wenn Sie am Ende alles Geld verlieren sollten (weil Sie ja loose-passive spielen, was nicht gerade die beste Taktik für einen Cash-Game-Tisch ist), lassen Sie sich davon erst einmal nicht beirren: Sie möchten die Pot Odds erlernen und der Weg ist erneut das Ziel bei dieser Übung!

Übung 4)

- Gehen Sie wieder an einen „Texas Hold'em Fixed Limit (FL)"-Spielgeldtisch mit $10/20 und spielen Sie aber diesmal ein streng-aggressives Spiel. Wieder ist es am wichtigsten, dass Sie die Outs errechnen und mit Pot Odds arbeiten. Aber diesmal geht es auch ein wenig ums Gewinnen!

Versuchen Sie die Dinge, die Sie über Starthände, über Pot Odds und übers „Gegner lesen" gelernt haben, einmal kombiniert anzuwenden. Schauen Sie, ob es Ihnen zu einem soliden, gewinnbringenden Spiel in dieser Klasse verhilft. Ich weiß, dass es ein wenig schwierig ist, bei Spielgeldtischen solides Spiel zu üben, weil hier sehr viele Anfänger und somit sog. „Maniacs" unterwegs sind, die völlig chaotisch und unberechenbar spielen... Aber auch hier ist wieder die Devise: konzentrieren Sie sich einfach nur darauf, gut zu spielen, die Gegner zu durchschauen und die Skills zu lernen! Selbst wenn Sie häufig gegen glückliche Blätter verlieren, sind Sie zu diesem Zeitpunkt auf einem besseren Weg als die vermeintlichen Gewinner! Denn Sie werden - sobald es um echtes Geld geht - langfristig mit diesen Skills nicht zu den Verlierern, sondern zu den Gewinnern gehören!

Kapitel 5

Poker Strategie II

„Put yourself in their shoes before you decide on the best way to take their shirts."

-- David Sklansky

Lektion 10 - Bieten in den einzelnen Runden

Spielen Sie nur die starken Hände! Alles andere wird Sie langfristig Ihr ganzes Geld kosten... Aber wenn Sie sich entschieden haben, eine Hand zu spielen, dann spielen Sie sie auch mit voller Überzeugung!! Sie sollten z.B. immer eher erhöhen anstatt zu callen und immer bieten anstatt zu checken!! Nur so bleiben Sie der Aggressor in der Runde und haben das Spiel in der Hand.

Bieten vor dem Flop

Es empfiehlt sich grundsätzlich, vor dem Flop eher zu raisen anstatt zu callen, wenn man seine Hand spielen möchte, oder zu folden, wenn man sie für mittelmäßig hält.

Vor dem Flop zu erhöhen hat mehrere Vorteile:

- die schwachen Hände, die vielleicht den BB gecallt hätten, fallen als Gegner weg. Wenn Sie AJ haben und nur callen, wird evtl. auch ein J4 callen und wenn dann 34J als Flop kommt, haben Sie das schlechtere Blatt!

- der Pot wird vergrößert. Wenn Sie schon mal eine gute Hand haben und sie spielen, möchten Sie schließlich auch viel Geld damit verdienen.

- Sie reduzieren Ihre Gegner auf eine Handvoll Hände. Wenn J4 den Big Blind vielleicht noch gecallt hätte, Ihren Raise aber nicht, dann brauchen Sie über diese Hand bei einem Flop von 34J auch nicht mehr zwingend nachzudenken.

Beim Limit Poker ist die Höhe der Bets, die Sie machen können ja begrenzt bzw. festgelegt, deswegen heißt es ja auch Fixed Limit.

Dennoch sollte man allgemein nicht jedes Neunerpärchen immer wieder reraisen, denn die Chancen zu verlieren sind natürlich immer noch gegeben. Man sollte sich genau überlegen, was der Gegner haben könnte und wo man steht mit seinem Blatt.

Beim No-Limit ist die Höhe des Raise natürlich nicht ganz so einfach und wird deshalb häufig von Anfängern falsch gemacht...

Als Faustregel für die Höhe eines Pre-Flop-Raise bei NL hat sich durchgesetzt:

a) Wenn vor Ihnen noch niemand gecallt oder geraist hat, dann erhöhen Sie immer um das 3fache des BB (bzw. das 4fache bei etwas looseren Anfänger-Tischen)

b) Wenn vor Ihnen bereits jemand den BB gecallt hat, dann erhöhen Sie Ihren Raise für jeden dieser sog. „Limper“ um den Faktor 1. Also wenn Sie normalerweise 3BB erhöht hätten und vor Ihnen 2 Spieler limpen (also den BB callen), dann erhöhen Sie hier jetzt um 5BB.

c) Wenn jemand vor Ihnen bereits erhöht hat, sollten Sie - wenn Sie die Hand dennoch spielen möchten - ca. das 3fache des ersten Raisers reraisen. Nach zwei Raises sollten Sie allerdings wirklich nur noch mit Blättern der Kategorie 1 erhöhen bzw. mitgehen.

Allgemein sollten Sie vor dem Flop immer eine Kombination aus Aggressivität und solidem Spiel anstreben. Wenn Sie KQ haben, und vor Ihnen wird zweimal erhöht, dann sollten Sie das Blatt eher nicht spielen. Hat aber niemand vor Ihnen erhöht und Sie sitzen in später Position, sollten Sie einen 3 BB Raise machen und nicht bloß callen.

Wichtig ist, dass Sie bei Ihrem pre-Flop-Spiel undurchsichtig bleiben. Wenn Sie jedes Mal, sobald Sie AA oder KK haben um das 8fache erhöhen, bei KQ aber nur callen oder die Minimalerhöhung machen, werden die anderen Spieler das recht bald durchschaut haben. Sie sollten AA genauso vor dem Flop anspielen wie jede andere Hand auch, die Sie spielen möchten. Also 3BB plus 1 BB pro Limper bzw. 3facher Reraise…

Bieten nach dem Flop

Hier gilt ähnliches wie vor dem Flop: eher erhöhen statt zu callen und zu bieten statt zu checken.

Damit Sie Ihren Gegner wirklich unter Druck setzen bzw. der Call für ihn wirklich zur schweren Überlegung wird, sollten Sie beim NL immer ungefähr einen halben bis ganzen „Pot Size Bet" bzw. Raise machen (also das bieten oder erhöhen, was aktuell im Pot ist, wenn Sie an der Reihe sind)!

Beispiel:

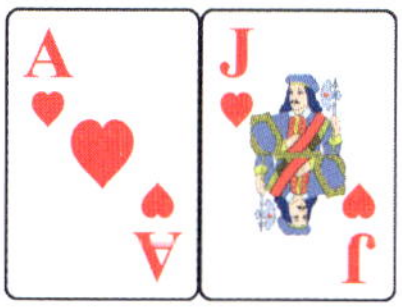

SPIELER

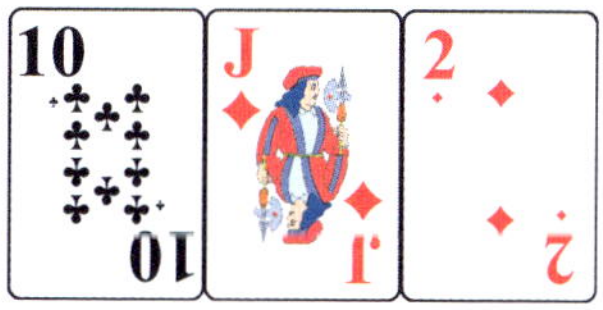

FLOP

Hier haben Sie momentan noch Top Pair mit Top Kicker! Wenn Sie nur checken oder einen kleinen Bet callen, erlauben Sie Ihrem Gegner seine Hand zu verbessern! Jeder König, Jede Dame und jedes Karo wird für Sie in diesem Beispiel zur echten Gefahr, also bleiben Sie von Anfang an aggressiv.

Einzige Ausnahme: Sie haben selber bereits "The Nuts" und möchten Ihre Gegner slowplayen, ihnen also das Gefühl geben, Sie hätten nichts.

Das Thema Slowplay werde ich noch später etwas genauer erklären, hier nur einmal ein kurzes Beispiel dazu.

Beispiel:

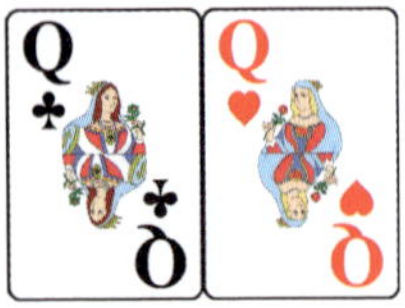

SPIELER

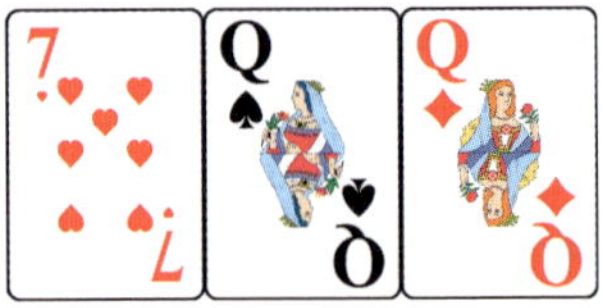

FLOP

Hier ist Ihr Blatt quasi nicht mehr zu schlagen, Sie möchten aber natürlich so viel Geld wie möglich für Ihre gute Hand bekommen. Daher wird ein Raise hier sofort zeigen, dass Sie mindestens eine Dame haben und alle Spieler verscheuchen. Hier wäre also „Slowplay“ definitiv die richtige Wahl, um Ihre Hand zu verbergen.

Oder Sie haben Ihre Hand so sehr verfehlt, dass Sie einen Semi-Bluff nicht wirklich durchziehen können, weil es z.B. ziemlich wahrscheinlich ist, dass einer Ihrer Gegner jetzt schon "The Nuts" hat.

Beispiel:

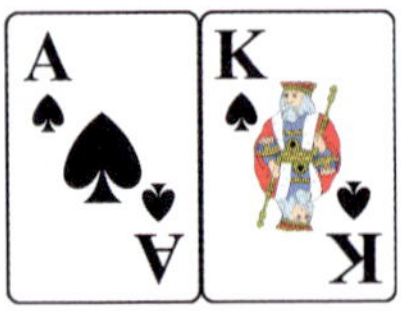

SPIELER

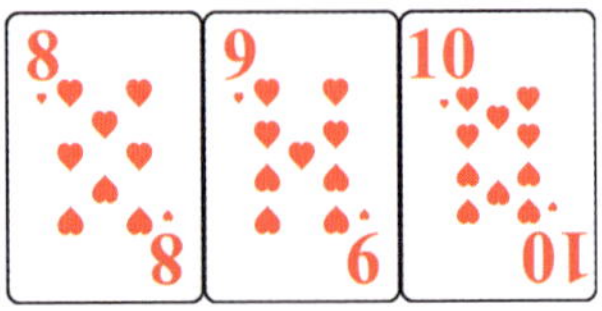

FLOP

Dieser Flop ist natürlich eine hervorragende Bluff-Möglichkeit, wenn niemand bietet oder Sie als erstes an der Reihe sind. Aber man sollte hier sehr vorsichtig sein. Wenn Sie z.B. wieder Ihre Standarderhöhung von halber Potgröße machen und einen starken Reraise bekommen, sollten Sie sich fix von der Hand verabschieden. Auch einem Call hält Ihre Hand nicht wirklich stand, denn was machen Sie dann auf dem Turn? Ihre Hand hat hier keine wirklichen Outs, denn Sie können von einem Flush (oder sogar Straight Flush) bereits geschlagen sein, daher würde ich in diesem speziellen Fall einen Bluff riskieren, bei einem Call oder Raise allerdings bei der nächsten Möglichkeit dann raus aus der Hand.

Man sollte sich grundsätzlich nie allzu sehr in seine Pocket-Karten verlieben, wenn man den Flop verfehlt hat. So schön AKs auch aussieht, und so sehr man sich freut, dass man sie bekommen hat (man spielt ja eh nur noch so wenige Hände!)... in diesem speziellen Fall sind sie: Müll!

Aber diese beiden Fälle sind natürlich extreme Ausnahmen, häufiger allerdings trifft man den Flop entweder: sehr gut, gut mit Einschränkungen, knapp aber mit Chancen (Outs) oder gar nicht.

In jedem fall hat Bieten bzw. Raisen auch hier wieder viele Vorteile gegenüber einem Call bzw. einem Check:

- die Hände, die den Flop verfehlt haben, gehen evtl. raus
- Sie erhöhen die Potgröße
- Sie nehmen erneut das Heft als Aggressor in die Hand und dominieren vor allem Bluffer oder die Hände, die auf einem Draw sind
- Sie bekommen Informationen über die Hände Ihrer Gegner, die in den späteren Bietrunden spielentscheidend sein können.

Auf dem Flop macht es sehr häufig Sinn zu betten / zu raisen oder aber zu folden! Alles andere wäre Slowplay (was nur bei der besten Hand, "The Nuts" Sinn macht), ein Zeichen von Schwäche oder einer "Drawing Hand", also einer Hand, die noch mind. eine Karte benötigt! Wenn Sie noch eine Karte benötigen für Ihren Flush oder Ihre Straight können Sie - nach Pott Odds und Outs - auch mal nur kalt callen, um die nächste Karte zu sehen. Das sollte aber eher die Ausnahme sein. Besser ist auch hier ein Raise (sh. „*Lektion 16 - die freie Karte*“ ab S. 112).

Ein guter Spieler wird einen schwachen Call oder einen Check nach dem Flop immer sofort ausnutzen und Sie dominieren!

Sehr viele Anfänger spielen ausschließlich ihre Karten. Wenn sie am Flop etwas getroffen haben, betten und raisen sie, wenn sie nichts haben, checken und folden sie. Das ist allerdings nicht immer die richtige Vorgehensweise!

Hierzu erneut ein Beispiel:

??

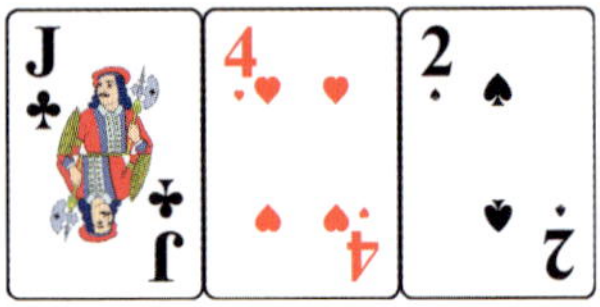

SPIELER FLOP

Sie sind noch zu zweit in der Hand und Ihr Gegner bietet halbe Potgröße.

Es ist an dieser Stelle erst einmal völlig egal, welche Karten Sie auf der Hand halten, denn Sie haben ja (hoffentlich) pre-Flop aggressiv geboten und Ihr Gegner, der jetzt noch im Spiel ist, hat gecallt. Demnach sollten Sie zwei starke Karten auf der Hand haben, Ihr Gegner wahrscheinlich auch.

Jetzt passiert folgendes: Ihr Gegner war im BB und ist jetzt als erstes dran. Er macht einen Bet von halber Pot Size. Was nun?

Wenn Sie jetzt ausschließlich in Ihre eigenen Karten schauen, machen Sie einen Fehler! Die viel wichtigere Frage, die Sie sich stellen sollten ist:

→ Mit welchen Karten könnte mein Gegner bei diesem Flop bieten?

Dafür müssen wir uns einmal die möglichen Karten unseres Gegners anschauen…

Version I) Unwahrscheinliche Hand - Doppelpaar:

- J2
- J4
- 24

Diese Hände würden ein Doppelpaar ergeben und den Bet unseres Gegners definitiv rechtfertigen. Es wäre aber damit kaum jemand mit Ihrem pre-Flop-Raise mitgegangen, also ist das Doppelpaar eher unwahrscheinlich.

Version II) Mögliche Hand - kl. Drilling:

- 22
- 44

Theoretisch könnte 22 oder 44 den Bet rechtfertigen. Dafür müssen Sie Ihren Gegner ein wenig kennen gelernt und beobachtet haben, um zu wissen, ob er mit kleinen Pärchen pre-Flop Ihre Erhöhung callt. Wenn ja, ist es eine 50:50 Entscheidung, ob er wirklich diese Hand hat und Sie hier weiterspielen.

Version III) Wahrscheinliche Hand:

- JT
- JQ
- JK
- JA
- JJ
- QQ
- KK
- AA
- XX hoch / Semi-Bluff (also z.B. AQ, KQ, AK, AT, ...)

Mit diesen Karten callen die meisten Spieler pre-Flop, es ist also die wahrscheinlichste Variante und eine Begründung für den Bet! Gehen wir also einmal davon aus, dass Ihr Gegner eine dieser Hände hat. Wie könnten Sie also auf seinen Bet reagieren?

Ihre Antwort A) Fold

Wenn Sie sich sicher sind, dass Ihr Gegner normalerweise nicht blufft, er also hier eine gute Hand haben MUSS wenn er bietet, dann vergleichen Sie diese möglichen Hände mit Ihrer: hat er Sie evtl. wirklich geschlagen (weil Sie z.B. nur QJ haben) dann sollten Sie wirklich raus aus der Hand: Fold!

Ihre Antwort B) Call

Ein Call kann eine brauchbare Variante sein, wenn Sie auf einem Draw sind und Ihre Pot Odds es zulassen. Wenn Sie aber z.B. das Top Pair getroffen haben und somit Druck ausüben könnten, vergeben Sie mit einem Call eine Menge Vorteile:

Wenn Sie jetzt sein Gebot callen, sind Sie um nichts schlauer, was seine Hand anbelangt! Schauen Sie sich die Liste noch einmal durch. Egal was Sie haben, egal welche Hand er hat, Sie haben mit dem Call Geld ausgegeben, aber keine Information dafür gewonnen!! Er hat Sie dominiert und Sie müssen auf der nächsten Karte wahrscheinlich erneut grübeln, welche der möglichen Hände er hat. Und egal was er hat, wenn Sie nur callen, wird er jetzt wieder bieten und Sie erneut dominieren. Denn mit dem einfachen Call zeigen Sie Schwäche. Und falls er sogar blufft, laden Sie ihn direkt zum erneuten Bluff ein. Das sollten Sie nur machen, wenn Sie auf einem schwachen Draw sitzen und die Pot Odds es dennoch zulassen, oder wenn Sie definitiv "The Nuts" haben und ihn damit slowplayen, also Ihre Monsterhand verbergen möchten.

Ihre Antwort C) Raise

Wenn Sie sein Gebot allerdings erhöhen, erreichen Sie mehrere Dinge gleichzeitig:

- wenn er keine 100%ige Top Hand hat (sondern z.B. JQ), wird er - wenn er Ihren Raise überhaupt callt - bei der Turn Karte wahrscheinlich eher checken, weil er eingeschüchtert ist. Dann können Sie ihn mit einem Potgroßen Bet aus der Hand befördern oder spätestens auf dem River kicken, denn dann dominieren Sie ihn und er vermutet eine der Top Hände bei Ihnen. Oder Sie können selber checken, wenn Sie noch eine Karte für Ihre Hand benötigen, wobei wir wieder bei der "freien Karte" wären.

- wenn er trotzdem aggressiv reraist oder z.B. callt wenn er sonst raus gegangen wäre, reduziert sich die Zahl seiner möglichen Karten auf JJ, QQ, KK, AA, AJ und maximal KJ.

Sie merken: von Ihrer Hand sprechen wir hier momentan noch überhaupt nicht! Wenn Sie das Top-Blatt ("The Stone Nuts") auf der Hand halten, ist es im Grunde auch fast egal, wie Sie spielen, Sie gewinnen dic Rundc ja ch. Und dann kann gutes Spiel nur dazu führen, dass Sie mehr Geld gewinnen, als wenn Sie z.B. gleich beim Flop All-In gehen und alle rausgehen. Aber wenn Sie - genauso wie Ihr Gegner - nur mittelmäßig den Flop getroffen haben, gewinnt der aggressivere, dominantere und umsichtigere Spieler meist die Runde.

Continuation Bet

Wie Sie ja bereits gesehen haben, ist ein Bet nach dem Flop grundsätzlich sinnvoll. Sie sollten sich allgemein angewöhnen, in 60%-80% der Fälle auf dem Flop einen sog. Continuation Bet zu machen, wenn Sie entweder nur noch zu zweit oder zu dritt sind und vor Ihnen noch niemand einen Bet gemacht hat. Auch wenn Sie den Flop nicht zu 100% getroffen haben, sobald Sie noch ansatzweise Outs haben (falls Sie gecallt werden), werden Sie langfristig mit diesem Continuation Bet Geld verdienen. Sie zeigen dadurch Stärke, bleiben der Aggressor und evtl. folden bereits alle Gegner nach diesem Bet. Bei No-Limit sollte dieser Bet immer ca. halbe Potgröße sein.

Der Continuation Bet hat nicht nur den Vorteil, dass Sie evtl. alle Gegner aus der Hand verdrängen, Sie bekommen auch mehr Geld in den Pot, wenn Sie die beste Hand halten oder noch bekommen sollten, erhalten mehr Informationen über die Hände Ihrer Gegner, als wenn Sie nur checken und werden undurchschaubarer in Ihrem post-Flop-Spiel! Da Sie so häufig betten, weiß niemand wirklich, ob Sie diesmal nun etwas getroffen haben oder nicht. Sie werden für die anderen ein unangenehmer Gegner und das ist definitiv das Beste, was Ihnen beim Pokern passieren kann.

Bieten nach dem Turn

Mit der Turn-Karte wird die 3. Bietrunde eingeleitet und Ihnen stehen neben den 4 Karten auf dem Board auch mittlerweile zwei Bietrunden als Informationsquelle über das Blatt Ihres Gegners zur Verfügung. Das ändert Ihr Bietverhalten enorm im Vergleich zur 2. Bietrunde nach dem Flop!

Hier gilt grundsätzlich aber erst einmal dasselbe wie nach dem Flop: aggressiv bleiben, und wenn, dann lieber bieten bzw. raisen anstatt zu checken oder zu callen. Auch die Ausnahmen sind dieselben... Wenn Ihr Gegner auf einem Draw sitzt, sollte er die River-Karte teuer bezahlen!!

Höhe des Gebots bzw. der Erhöhung sollte bei NL also auch hier immer ca. 50-100% des Pots sein.

Um die möglichen Szenarien, die sich für Sie ergeben können ein wenig zu durchleuchten, müssen wir Ihre Situation in folgende Bereiche unterteilen:

Situation A) Nach dem Flop haben Sie geboten oder geraist und Ihr Gegner hat gecallt. Sie sind also der Aggressor. Jetzt kommt der Turn.

A1) Sie sind in früher Position und möchten weiter Druck auf den Gegner ausüben.

Es macht hier Sinn, wenn man Top Pair oder einen starken Semi-Bluff (Draw mit guten Outs) hat, Pot Size zu bieten. Wenn der Gegner auf dem Flop einen Draw hatte (das callen auf dem Flop spricht dafür), und ihn bisher nicht getroffen hat, wird er häufig hier rausgehen.

A2) Sie sind in später Position und Ihr Gegner hat geboten.

Schauen Sie sich hier genau die Möglichkeiten an, die er haben könnte: Er war auf dem Flop nicht aggressiv, sondern hat "nur" gecallt und bietet jetzt... Was könnte er haben bzw. evtl. mit dem Turn bekommen haben? Wenn der Gegner kein Dauer-Bluffer oder sehr chaotischer Spieler ist, sollten Sie im

Zweifel hier lieber folden. Ist die Turn-Karte ein sog. "Rag", also eine mit den anderen zusammenhangslose Karte, könnte er auch bluffen. Hier hängt die richtige Entscheidung davon ab, wie Sie Ihren Gegner bis hierhin beobachtet haben und einschätzen. Eine beliebte Falle sind Pocketpairs. Wenn also z.B. auf dem Turn eine 9 kommt, die aber nicht zum Rest passt (also Straight oder Flush) und plötzlich wird der Gegner aggressiv, könnte er ein 9er Pärchen in der Hand halten

A3) Sie sind in später Position und Ihr Gegner hat gecheckt.

Wenn Ihr Gegner nicht gerade ein ständiger Check-Raiser ist, hat er hier bisher eine Drawing Hand und diese mit dem Turn verfehlt. Sie sollten in jedem Fall einen Pot Size Bet machen, damit die nächste Karte für ihn ein wirklich teurer Call wird! Raist er Ihr Gebot, hat er wahrscheinlich seine Hand gemacht und Sie sollten folden.

B) Alle Spieler haben vorher beim Flop gecheckt. Jetzt kommt der Turn.

Es spricht viel dafür, dass alle Spieler noch eine Karte benötigen oder eine schwache Hand haben.

B1) Sie sind als erstes dran

Wenn die Turn-Karte ein "Rag" ist, also nicht zum Flop passt, haben die Straight Draws und Flush Draws also ihre Hand nicht verbessert. In jedem Fall sollten Sie wieder bieten! Wenn die Karte hoch ist (z.B. K oder Q), wird das Information darüber geben, ob jemand anderes mit dem Turn ein Paar getroffen hat: dann wird er Ihr Gebot wahrscheinlich raisen. Wenn Ihr Gebot allerdings nur gecallt wird und auf dem River ähnlich wieder keine passende Karte für die üblichen Draws oder eine hohe Karte getroffen wird, behalten Sie den Druck bei und bieten Sie weiter. Sie haben dann hier recht hohe „Fold Equity“, also die Chance, dass alle folden und Sie die Hand ohne Showdown gewinnen.

B2) Sie sind in später Position und Ihr Gegner hat geboten.

Hier müssen Sie sich genau anschauen: Passt die Geschichte zusammen? Er hat pre-Flop gecallt oder geraist, beim Flop sogar gecheckt und jetzt bietet er? Entweder wollte er beim Flop check-raisen, weil er bereits da eine Monsterhand hatte und möchte jetzt seine Hand bezahlt bekommen. Wenn der Flop bereits dazu passen könnte (z.B. QQ4) sollten Sie passen. Wenn der Flop aber eher zu keiner typisch starken Hand passt und der Turn ein "Rag" ist, könnte es sehr gut ein Test-Gebot sein, um zu schauen wo er steht und um evtl. den Pot zu stehlen. Wenn Sie z.B. Top Pair haben mit gutem Kicker, dann sollten Sie wieder raisen und sich nicht herausbluffen lassen. Wenn die Karte zu einem Draw passt, den er gehabt haben könnte, hängt es wieder davon ab, wie Sie bis dahin Ihren Gegner beobachtet haben. Wenn er häufiger mal bei einer sog. „Flush-Gefahr“ (also 3 suited Karten auf dem Tisch) geblufft hat, könnten Sie hier trotzdem callen, wenn Sie nicht sogar eh selber Chancen auf den Flush haben. Hier sollten Sie einen Call auch mit den Pot Odds abwägen.

B3) Sie sind in später Position und Ihr Gegner hat gecheckt.

Über zwei Runden Check-Raise ist recht selten und Ihr Gegner signalisiert hier meistens eine schwache Hand. Erneut ein Pot Size Bet ist hier die richtige Herangehensweise! Ausnahme: Der Turn hat eine sehr starke Draw-Möglichkeit gebracht. z.B. 4 Karten derselben Farbe, oder 4 Karten in Folge. Dann ist ein kleinerer Bet ausreichend, um zu sehen, ob Ihr Gegner evtl. jetzt Slowplay spielt. Wenn er raist, und Sie haben nicht die 5. Top Karte für "The Nuts" dann sollten Sie evtl. folden.

Bieten nach dem River / ValueBet

Nachdem die letzte Karte gelegt wurde, weiß jeder Spieler, ob sich sein Flush erfüllt hat, ob er seine Straße bekommen hat, ob er doch noch sein Ass zum Top Pair bekommen hat oder nicht. Wichtig ist allerdings, dass man das NICHT ZEIGT! Wenn Sie nämlich immer bieten, sobald Sie Ihre letzte Karte bekommen haben, und checken, falls Sie sie nicht bekommen haben, dann wird Ihr Spiel sehr leicht durchschaubar und Sie sind recht einfach aus der Hand zu bluffen! Daher sollten Sie - ähnlich wie nach dem Flop - häufiger einen sog. ValueBet machen! Nicht nur um Ihre Hand zu verbergen, sondern auch um - im Gewinnfall - mehr Geld (=Value) in den Pot zu bekommen oder evtl. auch um den Gegner mit der besseren Hand zum Folden zu bringen.

Wie hoch ein ValueBet sein muss und wann er passieren sollte, ist ein sehr komplexes Thema und gehört in die fortgeschrittenere Abteilung von Poker-Skills. Mit der Zeit werden Sie Ihre eigene Strategie für dieses Thema entwickeln, aber an dieser Stelle sei Ihnen bereits gesagt: Beziehen Sie einen Bet auf dem River in Ihre Überlegungen mit ein, selbst wenn Sie z.B. nur Middlepair o.ä. haben und beobachten Sie - über längere Zeit - was in welchen Situationen passiert. Langfristig wird Sie der ValueBet zu einem stärkeren und aggressiveren Spieler machen und Ihre gewonnenen Pötte vergößern.

Nach dem River passiert allerdings sehr häufig folgendes: Sie hatten vor dem Flop, nach dem Flop und nach dem Turn stetig die Initiative und haben aggressiv geboten und Ihr Gegner hat einfach nur gecallt. Jetzt (nach dem River) raist er ganz plötzlich oder reraist Ihren Bet z.B. mit einem All-In. Die allerwichtigste Frage, die Sie sich hier stellen müssen:

Welche Geschichte erzählt mir dieser Spieler hier gerade?

Wenn Sie die ganze Zeit die Initiative hatten und er ständig nur gecallt hat, ist es recht unwahrscheinlich, dass sich Ihr Gegner auf einem kompletten Bluff befindet.

War er die ganze Zeit auf einem Flush Draw, der sich jetzt erst auf dem River materialisiert hat? Oder hat er sich nicht materialisiert und er versucht mich aus dem Pot zu bluffen? Könnte er eine Straight bekommen haben mit dem River? Oder spielt er evtl. schon die ganze Zeit zwei Asse slow? Oder ist er einfach ein Anfänger, der komisch spielt?

Genau für diese Fragen ist es wichtig, seine Gegner zu beobachten, sich Notizen zu ihnen zu machen bzw. sich ihre Spielweisen zu merken. Denn das kann Ihnen bares Geld einbringen bzw. ersparen.

Nach dem River zu folden kann ein sehr starker Spielzug sein, wenn Sie Ihren Gegner einschätzen können und wissen, dass er Sie bereits geschlagen hat, ohne dass Sie sich die Karten zeigen lassen.

Typische Anfängerfehler

Die meisten Anfänger machen immer dieselben Fehler. Um Sie davor zu schützen bzw. Ihnen evtl. auch noch einmal den Spiegel vorzuhalten, damit Sie sich selber besser einschätzen lernen, habe ich diese Fehler hier erneut zusammengefasst:

1.) Anfänger sehen sich selbst als Semi-Profis

Die meisten Anfänger schätzen sich selber fälschlicherweise nicht als Anfänger ein. Sie glauben, nur weil sie hier und da ein paar Mal gegen andere Anfänger oder Möchtegern-Profis an kleinen Tischen gewonnen haben, sind sie schon keine Anfänger mehr. Das ist ein großer Irrtum! Um sich wirklich „fortgeschritten" nennen zu dürfen, sollte man bereits Pot Odds automatisch beherrschen, mindestens seit ½ Jahr quasi täglich um (echtes!) Geld gespielt haben und mindestens 3-4 Bücher zum Thema Poker gelesen und befolgt (!) haben. Wenn Sie nur eine dieser drei Dinge mit NEIN beantworten, sind Sie ein Anfänger! Aber das ist überhaupt nicht schlimm... Eher im Gegenteil: Die Erkenntnis, DASS Sie sich als Anfänger einstufen, wird Ihnen sehr viel Lehrgeld ersparen und versetzt Sie in eine wissbegierige, lernfähige Position. Möchtegern-Profis brauchen sich ja nach ihrer eigenen Einschätzung kaum noch zu verbessern und werden demnach immer schlechte Spieler bleiben! Diese Form von Spielern können Ihnen aber wiederum langfristig Ihre Miete finanzieren...

Also stehen Sie dazu, ziehen Sie Ihren Vorteil daraus, entwickeln Sie sich weiter und bleiben Sie bei einem soliden, guten Spiel! Wenn Sie gestern Ihre erste Klavierstunde hatten, stellen Sie sich ja morgen auch nicht gleich als Konzertpianist vor (hoffentlich jedenfalls!).

2.) Anfänger spielen zu viele Blätter

Nur weil ein *Doyle Brunson* bei den *World Series of Poker* zweimal hintereinander mit Zehn 2 das Bracelet gewonnen hat, heißt es noch lange nicht, dass man mit einer Hand dieser Qualität immer gewinnen kann!! Verschiedene

Pokerbücher werden Ihnen unterschiedliche Einteilungen der Spielhände geben und sie auch unterschiedlich erklären. Eins haben aber alle gemeinsam: Die Hände sind immer die gleichen! AA, AK und KK sind die Top Hände und QTo ist und bleibt ein schwaches Blatt … Sie sollten diese Hände nur in speziellen Situationen spielen: zum Pot stehlen; weil Sie gute Pot Odds dafür bekommen; weil Sie den Flop günstig zu sehen bekommen oder weil Sie in einem Turnier in den letzten Runden sind und mit jedem Bild erhöhen, weil Sie Druck ausüben müssen um nicht aus dem Turnier zu fliegen. Spielen Sie dieses Blatt aber genauso häufig wie AQs, wird es Ihnen Ihr gesamtes Geld kosten.

Wenn Sie also ein guter Pokerspieler werden möchten, sollten Sie größtenteils nur die wirklich guten Hände spielen!!

3.) Anfänger spielen einfach so mit ihrem Geld

Die Einteilung in Bankroll und Buy-In pro Tisch macht für jeden Anfänger genauso viel Sinn wie für jeden Profi. Wenn Sie ohne Bankroll Management im Hinterkopf einfach so drauf los spielen und z.B. deshalb an Tische gehen, die für Ihre Bankroll eigentlich zu hohe Mindest-Bets haben, werden Sie sich höchstwahrscheinlich verzocken, also Ihr Geld verlieren… Reflektieren Sie immer wieder Ihre Einstellung zum Spiel und lesen Sie den Abschnitt zum Bankroll Management am besten immer mal wieder zwischendurch. Es ist das A und O, um nicht Pleite zu gehen!

4.) Anfänger bewerten gleiche Farben zu hoch

Nur weil Kc9c dieselbe Farbe haben, man ja schon so viele Runden ausgesetzt hat und auch mal wieder spielen möchte, wird dieses Blatt dadurch nicht zu einem 1A-Blatt. Die Wahrscheinlichkeit, mit zwei Karten derselben Farbe auf dem Flop einen Flush Draw zu bekommen, liegt bei 11% oder 1 zu 8. Man sollte dieses Blatt also nur dann spielen, wenn man mind. 8 zu 1 Pot Odds vor dem Flop bekommt!

Machen Sie es sich einfach: Halten Sie sich an die Einteilung, die ich Ihnen gegeben habe, drucken Sie sich die Tabellen von der Webseite zu diesem Buch aus und legen Sie sie neben die Tastatur! Damit fahren Sie einen sicheren Kurs und werden mit der Zeit immer besser und erfolgreicher werden!

5.) Anfänger verlieben sich in ihre Pocket Karten

Wenn Sie als Pocket Karten JJ bekommen haben und es liegt eine Dame, ein König oder ein Ass auf dem Flop, sollten Sie nicht verkrampft an Ihrem Blatt festhalten. Wenn Sie Ihren Gegner so einschätzen, dass er nach seinem Bietverhalten wohl eine der Overcards haben wird, werfen Sie Ihre Buben weg! Die Wahrscheinlichkeit, dass Ihr dritter Bube auf dem Turn oder dem River kommt, ist - wie Sie ja gelernt haben - nur bei 8%. In 92% aller Fälle werden Sie dieses Blatt also verlieren!

6.) Anfänger spielen ausschließlich ihr Blatt

Manchmal ist es besser, einer Situation entsprechend aggressiv zu bieten, auch wenn man z.B. nur ein kleines Paar hat und dieses schützen möchte, oder um einfach durch Druck den Gegner aus dem Spiel zu drängen. Besonders in Heads-Up-Situationen oder am Ende eines Turniers wird die Position und die Situation viel wichtiger als die Pocketkarten! Dazu etwas mehr im Abschnitt über die Turniere und SNGs.

7.) Anfänger callen und checken zu viel

Besonders vor dem Flop ist es typisch für Anfängertische, dass von 10 Spielern teilweise 7 oder 8 den BB callen. Das ist aus den vielen genannten Gründen falsch und kann sehr teuer werden. Man sollte immer lieber raisen anstatt zu callen oder zu checken. Denn nur so bleiben Sie Aggressor am Tisch, dünnen das Feld an Gegnern aus, und nur so bleiben Sie für Ihren Gegner undurchschaubar! Denn viele Anfänger spielen ihrem Blatt entsprechend passiv, wenn sie nicht das Top Blatt haben und nur dann aggressiv, wenn sie auch wirklich ein Full House getroffen haben. Das ist sehr schnell durchschaubar, jeder fortgeschrittene Spieler wird das sofort für sich ausnutzen und Sie aus jeder zweiten Hand herausbluffen!

8.) Anfänger spielen ohne Pot Odds

Wenn Sie Ihr Spiel verbessern möchten, sollten Sie unbedingt Pot Odds beherrschen! Sie werden schnell an einem Tisch erkennen, wer danach spielt und wer nicht. Auch das werden Sie wiederum für sich ausnutzen können. Grundsätzlich wird Ihr Spiel nur dadurch wirklich im wahrsten Sinne *professioneller,* weil Sie damit einen langfristig mathematisch berechenbaren

Erfolg erzielen können. Profis beurteilen ihr Spiel anhand einer Gewinnerwartung. Das bedeutet - wenn sie sich z.B. an einem $50/100 Tisch wohl fühlen - dass sie ziemlich genau einschätzen können, wie viel Geld sie mit einer bestimmten Spielweise dort durchschnittlich pro Monat mit dem Pokerspiel „verdienen" werden. Das klingt bei einem Spiel, das als Glücksspiel eingestuft wird, zwar erst einmal sonderbar, entspricht aber der Realität und ist u.a. eine Konsequenz des Spielens mit Pot Odds!

9.) Anfänger denken in „Glück" und „Pech"

Natürlich ist Poker auf den ersten Blick ein Glücksspiel. Glück und Pech ist aber nur eine kurzfristige Beobachtung der Wahrscheinlichkeiten, langfristig gleichen sich Glück und Pech immer aus. Aber im Gegensatz zu anderen Glücksspielen kann man beim Pokern mit positiven Gewinnerwartungen arbeiten. Beim Roulette z.B. ist die Gewinnerwartung immer negativ, deswegen heißt es dort auch „Es gewinnt immer die Bank". Das ist mathematisch ganz einfach nachvollziehbar: Wenn Sie $5 auf Rot setzen, bekommen Sie $10, wenn Sie gewinnen. Sie haben also ein Gewinn-Verlust-Verhältnis von 2:1. Die Wahrscheinlichkeit, dass Rot kommt, liegt aber bei 18:37 (wegen des Zero-Feldes), also bei 1: 2,06! Roulette hat also immer schlechte Pot Odds…

Lektion 11 - Bankroll Management

Bevor ich Sie in das Spiel um Geld schicke bzw. - falls Sie bereits um Geld gespielt haben - in das Echtgeld zurückhole, möchte ich auf das extrem wichtige Thema „Bankroll Management“ eingehen.

Darunter versteht man das Management - also die Planung und Organisation - der zur Verfügung stehenden Geldmittel. Wenn man einfach so drauf los pokert, $50 einzahlt und sich dann an $1/2 Tische setzt, ist man relativ schnell pleite. Dann ist man nicht unbedingt ein schlechter Spieler, sondern nur ein schlechter Bankroll Manager, denn man hat die Schwankungen, die die Bankroll immer aushalten muss beim Pokern, nicht in seine Planung mit einbezogen.

Daher sollte man das Pokern nicht „ungeplant“ angehen, schließlich möchte man sein Geld nicht verpulvern.

Oberste Prioritäten des Bankroll Managements sollten sein:

1.) nicht pleite zu gehen, denn ohne Geld kann man nicht pokern

2.) die typischen Schwankungen von Glück und Pech ausgleichen können

3.) eine gleich bleibende, kontinuierliche Steigerung der Geldmittel ermöglichen

Im Kapitel „*Poker Strategie I - Das Geld*“ habe ich bereits erwähnt, dass man seine Tische nach der eigenen Bankroll aussuchen sollte, und für Limit Tische das 200-300fache an Big Bets in der Hinterhand haben sollte bzw. das 20fache des Buy-Ins an einem Tisch beim No-Limit. Genau das entspricht einem guten Bankroll Management und berücksichtigt die ersten beiden der oben genannten Punkte.

Um sein Geld kontinuierlich und gleichmäßig zu vermehren, muss man allerdings auch in den Limits auf- und absteigen! Denn wenn ich z.B. als Limitspieler mit $100 angefangen habe und mir dann im Lauf der Zeit eine Bankroll von $300 erspielen konnte, dann sollte ich nicht mehr an den

$0.15/0.30 Tischen spielen. Die Wahrscheinlichkeit, dass man mit einer Pechsträne an $0.15/0.30 Tischen die kompletten $300 verliert trotz guten soliden Spiels, ist ziemlich gering. Und die Schritte nach oben, die man macht, sollen ja nicht immer gleich klein bleiben, schließlich ist man als Spieler ja daran interessiert, eine möglichst gute „hourly rate" (quasi Stundenlohn) zu erwirtschaften für sein Spiel.

Umgekehrt sollte man bei größeren Verlusten immer versuchen dagegen zu lenken, indem man auf der einen Seite sein Spiel noch einmal genauer prüft und vor allem aber wieder eine Limit-Stufe kleiner spielt, die man auch leichter beherrschen kann.

Deshalb gibt es bestimmte Regeln für den Auf- und Abstieg in den Limits, wobei diese beim No-Limit aufgrund der stärkeren Schwankungen etwas strenger sind:

1) Limit

- Aufstieg: ab 300 BB des nächst höheren Limit
- Abstieg: ab 300 BB des nächst niedrigeren Limit

Beispiel:

Wenn Sie mit $100 beim Fixed Limit starten, können Sie am Anfang $0.15/0.30 Tische spielen.

- Aufstieg ab $150 auf die $0.25/ 0.50 Tische (300 mal 0.50$)
- Abstieg ab $60 auf die $0.10/0.20 Tische (300 mal 0.20$)

2) No-Limit

- Aufstieg: ab 20 Buy-Ins des nächst höheren Limit
- Abstieg: ab 20 Buy-Ins des nächst niedrigeren Limit

Beispiel:

Wenn Sie mit $100 beim No-Limit starten, können Sie am Anfang $0.02/0.04 Tische spielen, wenn Sie sich mit 100BB einkaufen.

- Aufstieg ab $200 auf die $0.05/0.10 Tische (20 mal $10)
- Abstieg ab $50 auf die $0.01/0.02 Tische (20 mal $2)

Man erkennt hier schon sehr gut den Unterschied zwischen No-Limit und Fixed Limit in den unteren Levels. Je kleiner meine Bankroll, desto eher sollte ich mit Fixed Limit beginnen, da ich wesentlich höhere Limits spielen kann bei gleicher Bankroll.

Ich habe im Anfangskapitel über Geld immer eine Spanne angegeben von z.B. 200-300 BB. Das kommt daher, dass man sich manchmal schon etwas früher in einem Bereich unter- bzw. überfordert fühlt. Der genaue Wert ist dann von Person zu Person bzw. auch von Limit zu Limit unterschiedlich. Wenn man z.B. eher der ängstliche oder vorsichtige Typ ist und bei einem Abstieg von $100 auf unter $90 schon anfängt, sich Sorgen zu machen, dann sollte man evtl. lieber bei $75 im Limit absteigen anstatt bei $60.

Andersrum kann ein etwas sicherer Limit-Spieler auch ruhig bei $125 ausprobieren, ob er sich bei $0.25/0.50 wohl fühlt. Das ist ein persönlicher Bereich, den jeder für sich selbst herausfinden muss.

Als Richtwerte haben sich aber immer bewährt: Auf- und Abstieg beim Fixed Limit ab 300 BB und beim No-Limit ab 20 Buy-Ins.

Die Liste an Ende des Buches wird Ihnen dabei behilflich sein und als Leitfaden für einen kontinuierlichen Aufbau Ihrer Bankroll dienen.

Übungen Teil 3 - Das Spiel um Geld

Zu diesem Zeitpunkt im Buch kommen wir an einen Punkt, an dem es Sinn macht, evtl. auch ein wenig um echtes Geld und nicht mehr um Spielgeld zu spielen. Diese Anregung soll natürlich nicht missverstanden werden: Wenn Sie an dieser Stelle nicht um Geld spielen können oder möchten, dann sollten Sie auch tunlichst die Finger davon lassen! Kostenlose Chipspiele sind natürlich genauso möglich. Diese haben nur leider den Nachteil, dass dort im Grunde ausschließlich absolute Anfänger und Maniacs unterwegs sind, denen die Einsätze egal sind. Es ist ja schließlich nur Spielgeld. Dadurch gehen Spieler mit 10h8d pre-Flop All-In und so weiter, was für den eigenen Lernprozess langfristig leider eher schädlich als förderlich ist!

Einige Pokeranbieter haben auch sog. Trainingsbereiche, wo man mit Spielgeld gegen den Computer spielt. Wenn Sie also nicht um echtes Geld spielen möchten, dann begeben Sie sich für die Übungen ab jetzt dorthin.

Andernfalls empfehle ich Ihnen: Spielen Sie ab jetzt um echtes Geld und nicht mehr um Spielgeld! Man kann bei vielen Seiten bereits mit einem recht kleinen Einsatz (z.T. ab 20$, das entspricht 17 Euro) zu einem Echtgeldspieler werden. Wieso ich das empfehle? Ständig um Spielgeld zu spielen wird Ihrem Spiel auf Dauer wirklich eher schaden, denn man passt sich immer ein wenig der Umgebung an, auch wenn man es nicht möchte. Und an Spielgeldtischen werden Sie sich auf Dauer einen Stil antrainieren, bei dem Sie extrem loose-aggressive spielen. Damit ist es auf Dauer sehr schwer, sich einen Spielstil zu entwickeln, mit dem man dann später echtes Geld gewinnen kann.

In den meisten Pokerräumen kann man um recht kleine Centbeträge spielen. Mit der soliden Strategie und dem Bankroll Management aus diesem Buch ist es eigentlich kaum möglich, dass Sie Ihr ganzes Geld direkt verspielen, sondern

Sie werden nicht lange brauchen, bis Sie Ihre Bankroll das erste Mal verdoppelt haben.

Auf der Internetseite zu diesem Buch **www.poker-mit-system.de** finden Sie diverse Bonus-Codes, bei denen Sie z.T. über $100 Anfangsgeld für die Eröffnung eines Pokerkontos gesponsert bekommen. Außerdem sind dort wie bereits erwähnt die einzelnen Pokerräume und die dazugehörige Software erklärt und bewertet. Hier sollten Sie anfangen.

Versuchen Sie alle der bis hierhin genannten Strategien anzuwenden: Spieleranalyse, Pot Odds, Continuation und ValueBet, Aggressivität vor und nach dem Flop durch raisen statt zu callen usw.

Wenn Sie sich unsicher sind, nehmen Sie sich pro Woche eine einzelne Strategiesektion vor und versuchen Sie sie in dieser Woche etwas zu verbessern... Lassen Sie Ihrem Pokerspiel Zeit sich zu entwickeln, und geben Sie sich Zeit aus den eigenen Fehlern zu lernen. Nichts ist besser als Fehler zu machen und sie selber zu merken! Nur so kommen Sie voran und werden ein besserer Pokerspieler. Von heute auf morgen werden Sie es nicht schaffen, aber keine Sorge... Die Geduld wird sich für Sie lohnen.

Ich würde Ihnen an dieser Stelle nicht unbedingt empfehlen, noch weitere Bücher zu lesen oder sogar in irgendwelchen Internetforen schlaue Dinge von sich zu geben zum Thema Poker bzw. sich dort noch *neuere Erkenntnisse* abzuholen. Ein guter Pokerspieler beherrscht die grundlegenden Fähigkeiten, die in diesem Buch genannt wurden, im Schlaf. Diese Basics sind vom Prinzip her in allen Büchern und Internet-Foren recht identisch.

Einzig und alleine das ***ANWENDEN der Basics*** ist es, was Sie jetzt wirklich einen großen Schritt nach vorne bringt. Je mehr Infos Sie sich reinschaufeln, desto verwirrter werden Sie evtl. werden. Das hilft Ihnen aber am Pokertisch nicht. Erlernen Sie wirklich erst einmal diese Grundlagen Stück für Stück, dann wird sich Ihr Pokerspiel merklich verbessern und Sie werden langfristig das Geld nach Hause tragen.

Übung 5)

- Nachdem Sie sich als Echtgeldspieler registriert haben, gehen Sie an einen „Texas Hold'em Fixed Limit (FL)"-Echtgeldtisch mit $0.02/0.04 und spielen Sie dort ein tight-aggressives Spiel nach den Anweisungen in diesem Buch bisher. Wenden Sie auch hier wieder Ihre erlernten Fähigkeiten von Outs zählen, Pot Odds errechnen usw. an und lassen Sie sie zu einem festen Bestandteil Ihres Denkprozesses während des Spiels werden. Wenn das zu Anfang noch nicht zu 100% klappt oder Sie nicht sonderlich gute Karten bekommen, lassen Sie sich nicht verunsichern: Das Geld kommt nicht immer kurzfristig zu Ihnen sondern „in the long run"...

An Limit-Tischen kann man (im Gegensatz zu No-Limit-Tischen) nicht ganz so schnell sein Geld verspielen, weil die eigenen Fehler nicht so stark ins (finanzielle) Gewicht fallen. Daher empfehle ich jedem Anfänger, erst einmal Limit zu spielen, und darin sicherer zu werden.

Bei dieser Übung geht es hauptsächlich um die eigene Fehleranalyse: Einige Pokerräume haben eine sog. Handhistory (bei Partypoker ist sie rechts oben, wenn Sie am Tisch sind). Wenn Sie ein Blatt verlieren und denken, dass Sie da einen Fehler gemacht haben, schauen Sie sich die Hand noch einmal genau an und überlegen Sie sich, wie Sie beim nächsten Mal diesen Fehler vermeiden können. Partypoker speichert die Handhistory z.B. im Installationsordner auf Ihrer Festplatte, so dass Sie auch später jederzeit noch Ihre Session analysieren können.

Wenn Sie „live" spielen - also nicht online, sondern z.B. mit Freunden zu Hause oder in einem Casino - dann gehen Sie nach dem Pokerabend ruhig noch einmal z.B. bei einem gemütlichen Bier die entscheidenden Hände durch, tauschen Sie Erfahrungen aus oder machen Sie sich gemeinsam Gedanken zum Thema Pokern. So haben es Stars wie Howard Lederer oder Phil Ivey an die Spitze der Pokerszene geschafft.

Diese „Fehler aus denen ich lerne"-Notizen und Gespräche werden Ihnen große Quantensprünge in Ihrem Spiel verschaffen, versprochen!

Übung 6)

- Wenn Sie gerne No-Limit spielen möchten, dann gehen Sie an einen „Texas Hold'em No-Limit (NL)"-Echtgeldtisch mit $0.02/0.04 und spielen Sie auch hier das tight-aggressive Spiel, das ich in diesem Buch empfehle. Aber hier ist Vorsicht geboten: Fehler werden Sie in jedem Fall machen, und beim NL sollten Sie ganz besonders aus einer unsicheren Hand lieber aussteigen, als selber zu viel zu bluffen oder „nur zu callen um zu sehen, was der Gegner hat"!

„Der blufft bestimmt!" - Diese Spielweise kann Frust und Geldverluste mit sich bringen.

Trotzdem ist No-Limit eine besonders reizvolle und spektakuläre Variante des Texas Hold'em und man sollte sie nicht unversucht lassen.

Zu beiden Übungen: Finden Sie letztendlich heraus, wo Sie sich zu diesem Zeitpunkt wohler fühlen: Fixed Limit oder No-Limit? Die Beantwortung dieser Frage werden Sie im Laufe Ihrer Karriere immer wieder von neuem überdenken, aber man sollte beides immer mal wieder im Wechsel spielen, um beide Bereiche langfristig beherrschen zu können. In der Anfangsphase ist es aber wichtig, einen Schwerpunkt zu haben, auf den Sie sich konzentrieren können.

Kapitel 6

Poker Theorie II

„The winner is not the player who wins the most pots. The winner is the player who wins the most money."

-- Anthony Holden

Richtig bieten und täuschen

Ziel einer allgemeinen Tisch-Taktik sollte es sein, als aggressiver und knallharter Spieler den Tisch zu dominieren. Man kann ein Spiel mit starken Blättern dominieren, aber wenn die nicht kommen, muss man ab und zu ein paar Umwege nehmen, um im Spiel zu bleiben. Viele Anfänger glauben, dass das Bluffen beim Pokern ungefähr die Hälfte des kompletten Spiels oder sogar noch mehr ausmacht. Das ist allerdings bei Weitem nicht so!

Natürlich sollte man immer mal wieder einen Bluff machen bzw. durch psychologisch geschicktes Spiel den Gegner zur Aufgabe zwingen, obwohl man gar keine so gute Hand hat, aber trotzdem sollten Bluffs die Ausnahme in einer guten Pokertaktik darstellen. Wenn man dann allerdings blufft, sollte der Bluff gut durchdacht und geschickt eingesetzt sein. Deshalb schauen wir uns die besten Bluff-Möglichkeiten einmal genauer an:

Lektion 12 - Semi-Bluffs

Wenn man mit einer starken Hand in den Flop geht, diesen zwar nicht zu 100% trifft, aber z.B. einen Flush Draw oder einen Straight Draw hat, dann sollte man diese Hand repräsentieren. Das bedeutet, dass man so spielt, als hätte man bereits die Monsterhand, obwohl man noch eine Karte dafür benötigt.

Diese Spielweise führt dazu, dass andere Spieler evtl. raus gehen und man Pötte stehlen kann, bevor es zum Showdown kommt und z.B. der Draw doch nicht zu „The Nuts“ geworden ist.

Beispiele:

1)

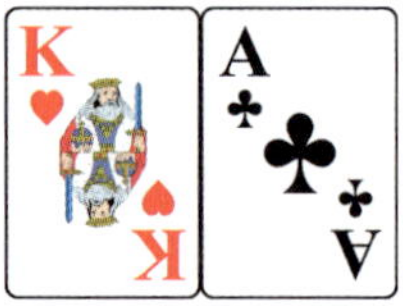

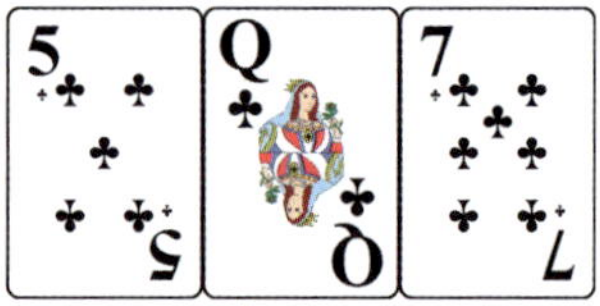

SPIELER FLOP

Wenn Sie jetzt aufgrund Ihres Flush Draw hoch bieten (z.B. ¾ Potgröße), repräsentieren Sie hier bereist den fertigen Flush, auch wenn Sie ihn noch nicht haben. Das wäre ein klassischer Semi-Bluff, und er funktioniert sehr oft.

2)

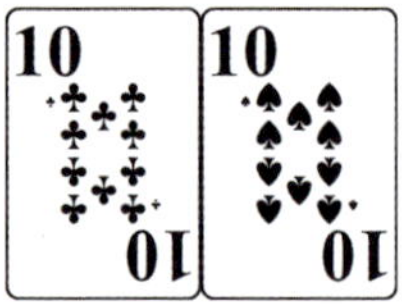

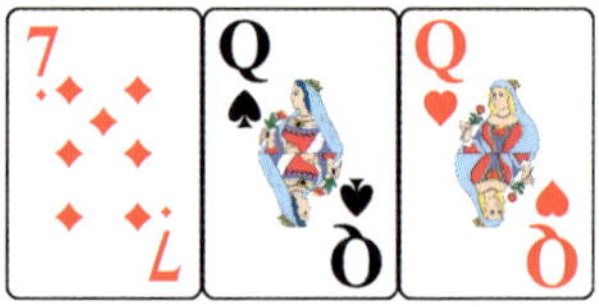

SPIELER FLOP

Einen Flop wie diesen bezeichnet man als „Scare Flop" oder auch „Scare Cards". Jeder Spieler, der z.B. 99 oder AK o.ä. auf der Hand hält, wird bei einem Gebot bei einem solchen Flop immer sehr vorsichtig sein. Das bedeutet aber gleichzeitig wiederum, dass ein solcher „Scare Flop" eine wunderbare Bluffchance bietet! Wenn Sie auch hier wieder recht hoch bieten, dann zwar eigentlich aufgrund Ihres Doppelpaares, aber Ihr Gebot repräsentiert für die anderen Spieler eine dritte Dame. Bei diesem Semi-Bluff besteht allerdings die Gefahr - im Gegensatz zum ersten Beispiel - dass Ihre Hand auffliegt, weil jemand anderes wirklich die Dame hat. Dann würde er wahrscheinlich reraisen und Sie sollten danach - wenn Ihre Pot Odds auf die dritte Zehn es nicht zulassen - auf jeden Fall rausgehen. Langfristig kann aber auch dieser Semi-Bluff sehr erfolgreich sein.

Lektion 13 - Bluffen

Der Übergang vom Semi-Bluff zum echten Bluff ist recht fließend, wie das *Beispiel 2* aus „Semi-Bluffs" zeigt...

Der klassische Bluff ist allerdings eigentlich eine völlig wertlose Hand, die man spielt, als wäre sie eine starke. Das sollte man nur als erfahrener Spieler tun, denn wenn man das als Anfänger versucht und damit auffliegt, wird jeder Profi das sofort in den nächsten Spielen gegen Sie verwenden.

Aber selbst wenn Sie mit einer starken Hand (z.B. AKs) angefangen sind und im Flop nichts bekommen haben und dann bluffen, ist eins immer extrem wichtig: Wenn Sie bluffen, dann machen Sie es konsequent! Die meisten Anfänger bluffen, wenn sie das TOP Blatt verfehlt haben, mit einem kleinen Einsatz, weil sie ja auch nicht zu viel Geld verlieren wollen. Das funktioniert natürlich nicht. Wenn Sie einen Bluff spielen, dann machen Sie die Einsätze so hoch, als hätten Sie den Flop voll getroffen so dass alle anderen Spieler rausgehen müssen, die evtl. auf einem Draw sitzen. Sie möchten ja nicht, dass es zum Showdown kommt und Ihr Bluff auffliegt... Ein halber bis ¾ Pot Size Bet ist auch hier die richtige Variante (siehe „Continuation Bet")! Werden Sie allerdings mit AKs bei Q33 gecallt, und Sie haben keinen Flush Draw der sich lohnt, dann gehen Sie danach besser raus aus der Hand. Verschwenden Sie nicht noch zusätzliches Geld in den Pot.

Die meisten Anfänger bluffen allerdings viel zu häufig!

Wenn Sie Ihr gutes Blatt verpasst haben, und jemand anderes bietet auf dem Flop, dann gehen Sie lieber direkt raus als unnötig noch mehr Geld zu verschenken! Man sollte vor allem seine Gegner am Tisch einschätzen können, um zu wissen, ob ein Bluff funktioniert oder nicht.

Lektion 14 - Slowplay und Check-Raise

Im Grunde ist Slowplay nichts anderes als ein umgekehrter Bluff: man tut so, als ob man nichts hat, und hofft, dass der Gegner sein Geld in die Mitte schiebt bzw. dass er versucht, Sie mit seinen Einsätzen zu dominieren. Wozu man das macht, zeigt sich das folgende Beispiel:

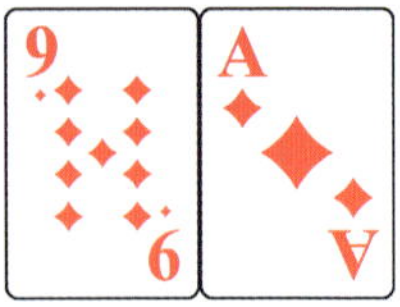

SPIELER

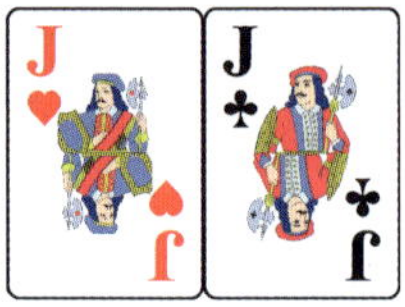

GEGNER

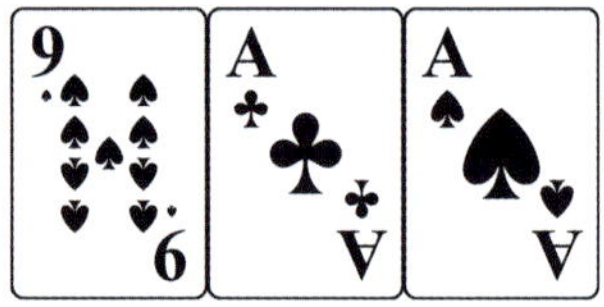

FLOP

In diesem Fall haben Sie „The Nuts“ und werden auch den Showdown in jedem Fall gewinnen (es sei denn, es kommen jetzt noch zwei Buben). Aber es geht ja nicht um die Ehre, sondern um Geld beim Poker, also möchten Sie den Gegner ordentlich zahlen lassen für Ihr Superblatt! Wenn Sie bei einem solchen Flop sofort viel bieten, repräsentieren Sie mindestens das Ass und der Gegner wird raus gehen. Deshalb sollten Sie hierbei in jedem Fall checken. Wenn der Gegner dann bietet haben Sie zwei Möglichkeiten:

a) Sie können das Gebot callen, so als ob Sie noch eine weitere Karte benötigen um ein gutes Blatt zu haben, und ihm das Ruder bzw. die Dominanz überlassen. Das nennt sich Slowplay, denn Sie spielen viel passiver als Ihr Blatt es erlaubt. Dafür brauchen Sie natürlich DEFINITIV das beste Blatt und der Gegner sollte im Grunde keine Outs mehr haben. Ziel ist es natürlich, dass der Gegner bei jeder Bietrunde versucht, Sie zu semi-bluffen und durch seine Gebote den Pot zu stehlen. Dadurch können Sie ihm sehr viel Geld abknüpfen…

b) Sie können das Gebot erhöhen. Das nennt sich dann dementsprechend auch „Check-Raise“. Wenn Sie bei einer solchen Konstellation wie in diesem

Beispiel nach dem Flop erst checken und dann das Gebot des Gegners raisen, wird er wahrscheinlich erkennen, dass er Ihnen in die Falle gelaufen ist, und wird folden. Dann haben Sie aber trotzdem noch ein weiteres Gebot von ihm bekommen. Wenn Sie sofort geboten hätten statt zu checken, wäre er wahrscheinlich gleich raus gegangen. Sie haben ihm also auch hierbei durch die Taktik mehr Geld abgenommen.

Grund für einen frühen Check-Raise kann ein sehr gutes Blatt sein, das aber etwas gefährdet ist, z.B. man floppt einen Drilling, es liegen aber auch zwei Karten mit gleichem Symbol auf dem Flop, so dass der Gegner einen Flush Draw haben könnte. Man will ihn nicht sofort verjagen mit einem Bet, also checkt man, er bietet auf seinen Flush Draw und man raist auf seinen Drilling.

Ziel dieser Spielweise ist es, den Drilling vor einem eventuellen Flush zu schützen und gleichzeitig mehr Geld vom Gegner für sein gutes Blatt zu bekommen. Die Gefahr ist dabei allerdings, dass der Gegner „check behind" spielt, also selber auch checkt. Dann hat man ihm eine kostenlose Karte für seinen eventuellen Flush gegeben! Auch hier muss man den Gegner ein wenig einschätzen, um die richtige Taktik wählen zu können. (Bei einem aggressiven Gegner, der viele Continuation Bets macht, würde ich immer check-raisen. Bei einem passiven Gegner allerdings seltener!)

Häufig werden beide Taktiken auch miteinander kombiniert: Wenn man z.B. wie im Beispiel zuvor mit einem Full House „The nuts" hat, dem Gegner aber durch Slowplay signalisiert, dass man sie nicht hat, dann wird er häufig immer wagemutiger bieten. Wenn er dann beim Showdown glaubt, mit seinen zwei Pärchen das beste Blatt zu haben und man selber checkt erneut, dann wird er ordentlich bieten. Und wenn man dann raist (also beim Showdown Check-Raise spielt), wird er merken, dass er sich in die Falle gelaufen ist und Ihnen ordentlich Geld geschenkt hat... Wenn er es allerdings nicht merkt und callt oder sogar aufgrund seiner vorherigen Annahme reraist (wie einige Anfänger es tun), umso besser! Dann zahlt er Ihnen noch mehr für Ihr Full House und das Slowplay hat seinen Zweck zu 100% erfüllt.

Natürlich ist das o.g. Beispiel ein äußerst seltenes Blatt, aber es soll Ihnen das Grundprinzip verdeutlichen. Slowplay ist immer ein probates Mittel gegen lockere Spieler, die gerne bluffen und gerne Pötte stehlen. Wenn Sie ziemlich sicher sind, dass er ein schlechteres Blatt hat als Sie, dann lassen Sie ihn in jeder Runde schön viel Geld bieten, um Sie aus dem Spiel zu drängen. Erst callen Sie jeden seiner Bets mit viel Verzögerung und Nachdenken, und dann check-raisen Sie ihn All-In beim Showdown… ein ganz besonderes Vergnügen gegen locker-aggressive Pot-Diebe beim No-Limit Poker!

Wie in dem Beispiel mit dem Drilling gegen den Flush Draw kann es aber auch passieren, dass man diese Taktiken nicht dazu benötigt, um mehr Geld vom Gegner zu bekommen, sondern um die Runde überhaupt zu gewinnen. Das verdeutlicht das folgende Kapitel:

Lektion 15 - Blätter „schützen“

Ein wichtiger, taktischer Ansatz beim Bieten ist das Schützen des eigenen Blattes. Was bedeutet das? Nehmen wir uns dafür wieder ein Beispiel vor:

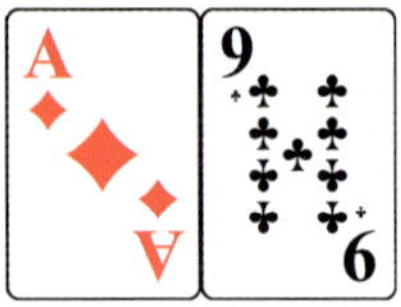

SPIELER

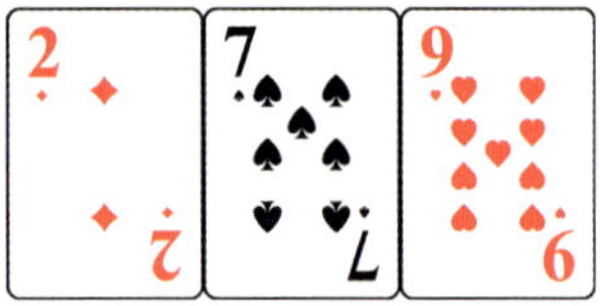

FLOP

Zum jetzigen Zeitpunkt haben Sie das Top Pair mit Top Kicker! Ein Pärchen Neunen ist natürlich kein wahnsinnig starkes Blatt, wie verhalten Sie sich also? Sie könnten z.B. checken in der Hoffnung, dass alle anderen es auch tun und dass danach z.B. ein Ass oder noch eine 9 kommt. Ein Doppelpaar oder einen Drilling spielt man ja sehr gerne und das wäre ein viel schöneres Blatt um anzugreifen… Sie könnten allerdings auch direkt hier hoch bieten, denn das Blatt würde es rechtfertigen! Denn damit schützen Sie Ihr Neuner-Pärchen vor einer Overcard, z.B. einem König. Wenn der König (oder Q, J oder T) auf dem Turn oder auf dem River kommt, haben Sie nicht mehr das sog. „Top Pair“. Zum jetzigen Zeitpunkt sind Sie in der Lage, Druck auf Ihre Gegner auszuüben. Und die einzigen Blätter, die Ihrem Druck standhalten könnten, wären hohe

Pärchen oder ein Drilling… Wenn alle anderen am Tisch z.B. auch AK, AQ, KQ o.ä. haben und Sie üben Druck aus, werden die meisten guten Gegner mit ziemlich großer Wahrscheinlichkeit folden und Sie gewinnen den Pot direkt hier.

Wenn Sie nur checken oder nur ein kleines Gebot machen, das einfach zu callen ist (weil Sie ja auch nur ein kleines Pärchen haben) und es kommt dann auf dem Turn der König, sind Sie wahrscheinlich geschlagen.

Anderes Beispiel:

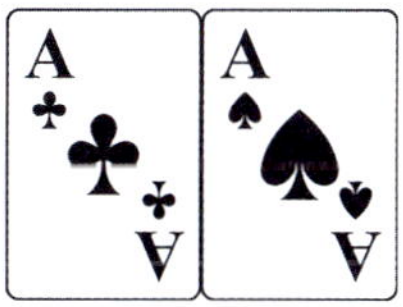

SPIELER

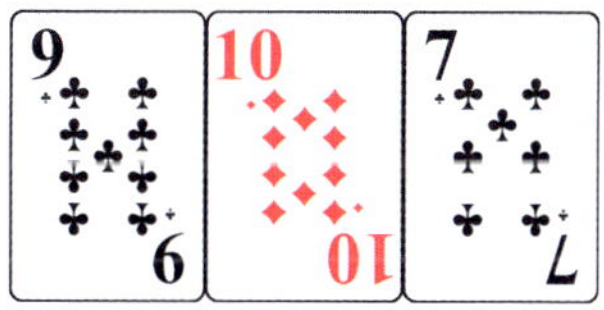

FLOP

Natürlich denken Sie im ersten Moment: „Hey, ich hab zwei Asse, das ist das bessere Blatt und ich könnte jetzt noch schön weiter slowplayen, um meinem Gegner noch weiter Geld zu entlocken." Wenn Sie dem Gegner jetzt aber eine weitere Karte günstig schenken, könnte er z.B. bei einer 8, einer 6 oder einem Buben mit nur einer Karte eine Straight vervollständigen. Außerdem liegen zwei Kreuz auf dem Tisch: es besteht also Flush-Gefahr, falls mit der nächsten Karte ein weiteres Kreuz kommt! Also ist ein sehr hoher Bet an dieser Stelle die richtige Variante, um Ihre „Pocket Rockets", Ihr Ass Pärchen zu schützen!

Es ist sehr wichtig sich immer vor Augen zu halten, mit welchen Händen man konfrontiert werden könnte beim Showdown: Wenn Sie in eine Situation wie im ersten Beispiel kommen, ist es ein absoluter Fehler, ein kleines Gebot zu machen, das alle mitgehen werden, nur weil man ein kleines Pärchen hat!

Lektion 16 - Die „freie Karte“

Wenn Sie auf einem Draw sind (also z.B. noch ein Kreuz für Ihren Flush brauchen, oder einen Straight Draw haben), ist es natürlich sehr verlockend auf dem Flop zu checken in der Hoffnung, dass alle anderen auch checken, damit man nicht zu viel Geld verschenkt, falls der Flush nicht kommt…

Es kann aber auf dem Flop durchaus Sinn machen trotzdem zu bieten oder zu erhöhen! Verunsichert, was für ein gutes Blatt Sie wohl haben könnten, werden einige Gegner entweder direkt folden, womit Sie den Pot hier gewinnen, egal ob Ihr Flush noch gekommen wäre oder nicht. Wenn Ihr Gegner aber callt, wird er in ziemlich vielen Fällen auf dem Turn checken, weil er verunsichert ist. Wenn Ihr Flush zu diesem Zeitpunkt noch nicht gekommen ist, könnten Sie hier ebenfalls „check-behind“ spielen, was Ihnen zu einer kostenlosen Karte verhilft. Sie können also mit dem Gebot oder dem Raise auf dem Flop die Turn- und River-Karte sehen, ohne weiteres Geld investieren zu müssen. Wenn Ihr Flush nicht gekommen ist, haben Sie bares Geld damit gespart. Besonders im Fixed Limit ist das äußerst sinnvoll, weil nach dem Turn der Minimal-Bet verdoppelt wird (Big Bet). Wenn Sie also durch einen Raise nach dem Flop Ihren Gegner dazu bekommen, nach dem Turn zu checken, können Sie einen Big Bet sparen und zahlen bis zum River kein Bet mehr, um evtl. Ihren Flush zu bekommen.

Diese Taktik sollte man nicht immer anwenden, es ist aber grundsätzlich gut - wie ja bereits erwähnt - eher zu erhöhen und als erstes zu bieten als zu checken und zu callen. Sie sind damit der Aggressor der Runde und repräsentieren ein starkes Blatt. Sie sollten Ihre Bets und Raises allerdings im Bereich Ihrer Pot Odds machen, also wenn $100 im Pot liegen und Ihr Gegner bietet $10, dann ist ein Raise mit einem Flush Draw auf $30 durchaus gerechtfertigt: Wenn er callt, können Sie mit Ihrem 30er Bet einen 130er Pot gewinnen, was Pot Odds von 4.33 zu 1 entspricht. Bei Odds von 4.22 zu 1 für den Flush ist das für Sie in jedem Fall ein gewinnbringendes und damit gutes Spiel! Sie setzen aber eben auch gleichzeitig Ihren Gegner unter Druck, was häufig zur sog. „freien Karte“ nach dem Turn führt…

Lektion 17 - Tilt: Hilfe, ich verliere nur noch (gegen mich)

Wenn man anfängt emotional zu spielen, weil man z.B. viele Spiele nacheinander verloren hat, oder wenn man plötzlich unkonzentrierter wird und auf Hände bietet, die man sonst weggeschmissen hätte, dann ist man auf dem besten Weg heiß zu laufen. Das Endstadium davon nennt man „Tilt".

Der Gründe dafür sind sehr unterschiedlich: man regt sich über einen Gegner auf, der die ganze Zeit nur Glück hat, oder ein anderer Spieler am Tisch stiehlt die ganze Zeit Pötte, während man selber brav auf seine guten Karten wartet, usw.! Jeder Spieler kennt es, denn jeder ist (wahrscheinlich) selber schon mehrmals ansatzweise heiß gelaufen, evtl. auch ohne es zu merken.

Tilt ist im Grunde das Schlimmste, was einem Pokerspieler passieren kann, schlimmer noch als schlechte Karten! Denn er verliert extrem viel Geld dadurch. Und das passiert auch den besten Profis bei den *WSOP*!

Wie also kommt es zum Tilt und wie kann ich mich davor schützen?

Der Tilt entsteht immer durchs Verlieren. Niemand verliert gerne, das ist klar. Wenn man aber häufig hintereinander verliert, kann das Ärgernis zum Verhängnis werden. Man merkt das Heißlaufen häufig daran, dass man plötzlich innerlich völlig unruhig wird, sich selber die ganze Zeit sagt: „Das kann doch nicht sein, dass der das jetzt wirklich hat! Ich hab heute echt nur noch Pech!" oder anfängt emotionale Dinge zu tun, wie sich extrem laut über eine verlorene Hand aufregen, oder sogar Aggression körperlich abzureagieren. Der Satz „Profis gewinnen, weil sie gut verlieren" macht besonders auch auf das Tilten bezogen extrem viel Sinn!

Es gibt zwei gute Ratschläge, die Ihnen helfen werden, trotz einer „Pechsträne" nicht heiß zu laufen, nicht zu tilten:

1) Konzentrieren Sie sich auf das Spiel, das vor Ihnen liegt, nicht auf die Hände, die hinter Ihnen liegen!

Das bedeutet im Klartext, machen Sie sich besonders an solchen Tagen folgendes bewusst: Mein Ziel ist es immer, wirklich gut zu spielen, nicht unbedingt (kurzfristig betrachtet) zu gewinnen. Wenn Sie also am Ende eines Tages $50 verloren haben, weil Sie einfach Pech an dem Tisch hatten, aber trotzdem weiter gut gespielt haben, dann ist das positiv zu sehen! Denn wenn Sie heiß gelaufen *wären* oder nicht so gut und solide weiter gespielt hätten, wären Ihrem Spielkonto wahrscheinlich eher $80 oder noch mehr verloren gegangen. Im Grunde haben Sie also $30 gewonnen auf Dauer gesehen. Denn das ist es ja eben, was einen Profi auszeichnet: **Er verliert auch, aber er verliert eben gut!**

2) Sehen Sie das Pokern wie einen Job!

Wenn Sie mehrfach hintereinander verlieren, versuchen Sie Ihr Pokerspiel im langfristigen Zusammenhang zu sehen. Eine Firma hat auch häufiger Phasen, in denen ein Lieferant Pleite geht, man plötzlich Auftragsrückgang zu verkraften hat, oder einen teuren Auftrag verbockt hat. Wenn der Chef der Firma weiß, dass er das aufs Jahr gesehen auffangen kann, weil er trotzdem immer noch ein gutes Produkt hat, dann wird ihn das nicht aus der Bahn werfen. Er wird versuchen, in der schlechten Phase Schadensminimierung zu betreiben, sich aber trotzdem auf seine Stärken verlassen und so weiter machen. Denn kurzfristig ist der Verlust zwar ärgerlich, langfristig gesehen ist sein Geschäft und seine Geschäftsstrategie aber ja erfolgreich. Und genauso sollten Sie es beim Pokern auch handhaben…

Die meisten professionellen Pokerspieler haben das Verlieren fest in ihre Erwartungen integriert: Wenn Sie an 4 von 10 Tagen verlieren, also 6 von 10 Spiele im Schnitt gewinnen, sind Sie ein erfolgreicher Pokerspieler! Diese Quote ist zwar optimierbar, aber es ist der Ansatz, der wichtig ist.

Noch ein Tipp zum Thema Tilt: Wenn Sie merken, dass Sie (besonders beim Online-Poker) anfangen zu häufig und zu viel zu verlieren und sehr emotional werden, dann gönnen Sie sich eine Pause von mindestens einer halben Stunde (es sei denn, Sie sind in einem Turnier, dann evtl. kürzer)! Natürlich kommt genau dann AA, aber das hätten Sie in Ihrem jetzigen Zustand wahrscheinlich auch noch verloren, also erst einmal weg vom Pokertisch!! Machen Sie sich was

Leckeres zu essen / trinken, lenken Sie sich ein wenig ab, ein Spaziergang hilft auch häufig Wunder…

Wenn Sie allerdings merken, dass Ihre Verluste wirklich ernsthaft an Ihre finanzielle Substanz gehen, dann lesen Sie sich erneut das Kapitel „Bankroll Management" durch. Hier wird genau erklärt, wie Sie sich im Falle eines sog. Downswing verhalten sollten und wie Sie ihn abfangen können, ohne dass Sie drohen pleite zu gehen. Jeder Spieler hat diese Downswings und kommt auch wieder raus - vorausgesetzt er spielt weiterhin solide und korrekt.

Lektion 18 - Aufhören, wenn's am Schönsten ist!

Bei einer Pokersession viel Geld zu verlieren ist natürlich immer sehr unangenehm. Dementsprechend ist es eine sehr gute und wichtige Eigenschaft, zu merken, wann man das verlorene Geld wohl besser an einem anderen Tag zurückholen sollte und die Pokersession beendet. Genauso schwer (oder vielleicht noch schwerer) ist es allerdings zu merken, wann man einen Upswing (eine Glücksträne) beenden sollte! Viele Pokerspieler spielen sich dabei in einen Rausch und verspielen nach einer sehr guten und erfolgreichen Serie dann leider wieder ihren Gewinn zum Teil oder sogar vollständig: weil sie hoffen, es ginge in dem Stil so weiter an diesem Tag.

Das ist natürlich nur selten der Fall.

Ich habe mir angewöhnt, etwas aus dem Bereich des Aktienhandels in mein Pokerspiel zu integrieren: die „Stop-Loss-Marke":

Wenn ich an einem Pokertisch mit ein paar sehr guten Blättern einen richtig hohen Gewinn gemacht habe, setze ich mir selber im Kopf diese „Stop-Loss-Marke", unterhalb der ich den Tisch verlasse. In der Praxis sieht das z.B. so aus:

Wenn ich an einen „$2/4 FL"-Tisch mit $100 gehe und durch ein paar gute Spiele meinen Chipstapel auf $200 verdoppeln kann, setze ich mir eine „Stop-Loss-Marke" bei $180. Wenn ich weiter gewinne, verschiebe ich diese Marke auch noch weiter nach oben, falle ich aber darunter, verlasse ich direkt den Tisch.

Diese Technik empfiehlt sich besonders beim sog. Multitabling, d.h. wenn man an mehreren Tischen (online) gleichzeitig spielt. Denn dadurch bleibt man mit seinen Chipstapeln immer in einer bestimmten „Range“ (einem ähnlichen Bereich) und verliert nicht den Blick dafür, dass man z.B. beim Absinken von $200 zurück auf $90 gerade $110 verloren hat…

Lektion 19 - Startblätter II

Natürlich ist es wichtig, in der Anfangsphase durch ein tightes Spiel (also durch Orientierung an den Startblätter-Kategorien) besser zu werden und Geld zu verdienen. Manchmal kann es aber gut sein, diesen klassischen Pfad ein wenig zu verlassen. Wieso das?

- Grund 1: Pötte stehen

Nehmen wir als Beispiel QJo. Nach den ursprünglichen Überlegungen sollte man damit maximal im Big Blind checken oder eben die Hand eher weg schmeißen. Für Anfänger ist das auch richtig. Wenn man aber etwas sicherer im Spiel wird und in der Lage ist, einen Tisch in einem bestimmten Limit zu dominieren, dann kann man auch diese Hand (oder A8o, KTo) in später Position raisen, wenn niemand den Pot eröffnet hat.

Ziel dieses Spiels ist es allerdings nicht, mit dem Blatt bis zum Showdown zu gehen, sondern die Runde frühzeitig zu beenden. Man kann damit durchaus auch mal einen Showdown gewinnen, aber für dieses Blatt sollte man sich recht sicher fühlen. Wenn man in später oder spätmittlerer Position (MP3) mit diesem Blatt raist, kann es passieren, dass alle Spieler nach einem folden und man die Blinds gewinnt. In Turnieren wird das später u.a. zur Überlebensstrategie. Wenn man mit diesem Blatt aber zu viel Gegenwehr bekommt, sollte man sich schnell aus der Runde verabschieden.

- Grund 2: Anzahl der Spieler

Es ist nicht nur wichtig sich anzuschauen, mit wem man spielt, sondern auch wie viele Spieler noch im Spiel sind. Bestimmte Blätter sind gut für bestimmte Anzahlen an Spielern:

a) viele Spieler (Fullring)

Sind viele Spieler am Tisch bzw. gehen viele Spieler mit im Spiel, sollte man hauptsächlich nur die ganz starken Blätter spielen. Die Gefahr mit KT in AK zu laufen ist einfach zu hoch. Neben den klassischen hohen Blättern gewinnen aber auch vermehrt die sog. „suited connectors“ an Wert. Das sind 34s, 67s, 9Ts o.ä. Natürlich sind sie nicht unbedingt geeignet, um pre-Flop wild zu erhöhen, aber wenn man den Flop günstig sehen kann, sollte man sie spielen. Denn falls man mit ihnen den Flush oder die Straight trifft, kann man damit sehr viel Geld machen.

Anders sieht es z.B. bei Karten wie ATo, KJo, oder OJo aus. Mit vielen Spielern am Tisch verlieren diese Blätter aus den genannten Gründen noch mehr an Wert und man sollte sie wirklich zu 90% weg schmeißen.

b) wenige Spieler (Shorthanded)

Hier gilt das Gleiche wie für Fullring nur umgekehrt! Bei einem Heads-Up (1 gegen 1) kann QTo zu einem Damenpaar werden und schnell gewinnen. Während man mit der Hoffnung auf Straßen oder Flushes hier häufiger verliert. Shorthanded zu spielen ist eine ganz eigene Philosophie und gehört definitiv auch in den Bereich „Poker für Fortgeschrittene bis Profis“. Ich werde diesen Bereich sehr ausführlich im zweiten Band von „TEXAS HOL'EM POKER MIT SYSTEM“ besprechen.

- Grund 3: Vorhersehbarkeit

Der wohl wichtigste Grund, ab einem bestimmten Level nicht nur klassisch tight-aggressive und nach den Regeln aus dem ersten Teil zu spielen ist der, dass man mit diesem Spiel nach kürzester Zeit relativ vorhersehbar spielt. Ein ansatzweise fortgeschrittener Spieler, der sich nicht nur sein Blatt sondern auch intensiv seine Gegner anschaut, wird Sie in kürzester Zeit einschätzen können. Und er wird immer dann bluffen, wenn Sie checken und dadurch Ihren Pot stehlen und immer rausgehen, sobald Sie bieten, weil Sie dann wohl Ihre Hand bekommen haben. Das ist natürlich langfristig kein erstrebenswertes Ziel. Vor allem gilt: Je höher Sie in den professionelleren Bereich kommen, desto mehr werden Sie als Spieler „gelesen“. Daher ist es wichtig, einen Spielstil zu entwickeln, der unvorhersehbar, aggressiv und gefürchtet am Tisch ist und natürlich gleichzeitig gewinnbringend.

Wenn Sie hauptsächlich Cash-Game spielen, werden Sie allerdings in jedem Fall zu 60-70% mit den Standard-Startblättern auskommen und können sehr lange sehr gut Geld verdienen, wenn Sie sich an die Pre-Flop-Strategie im Anhang des Buches halten. Etwas anders sieht das bei Sit&Gos und bei Turnieren aus. Dazu aber dann mehr im gleichnamigen Kapitel.

Lektion 20 - Position II

Wir sind eingangs ja schon auf die Wichtigkeit der Position, in der man sich befindet eingegangen. Diese Tatsache soll an dieser Stelle noch einmal unterstrichen und etwas genauer beleuchtet werden. Die wichtigsten Grundsätze sind ja nach wie vor:

1) Spielen Sie nur die stärksten Hände in früher Position.

Beispiel:

Sie sitzen UTG (= under the gun), also direkt nach dem BB, müssen also auch als erstes bieten und bekommen als Pocketkarten KJs. Sie callen den BB und mit Ihnen machen das noch 3 weitere Spieler. Dann kommt der Flop: 37Ao. Sie haben nichts. In der frühen Position ist das extrem schlecht, denn Sie müssen als erster agieren! Wenn Sie jetzt erhöhen, und hinter Ihnen sitzt z.B. AK, dann wird er reraisen und Sie müssen raus. Wenn Sie checken und ein Gegner nach Ihnen bietet, kann das auch bloß ein Continuation Bet sein, Sie wissen also noch weniger, wo Sie stehen. Sie können aus dieser Position nur schwer die Runde dominieren. Sitzen Sie allerdings hinten und alle anderen haben gecheckt, dann können Sie die Runde mit einem Raise sofort dominieren. Sie spielen dann einen Semi-Bluff, weil Sie davon ausgehen, dass niemand das Ass hat und Sie (wenn z.B. der König kommt) das Top Pair bekommen. Falls wirklich niemand das Ass hat, werden die meisten Spieler denken Sie haben es und rausgehen. Damit hätten Sie erfolgreich den Pot gestohlen.

2) Passen Sie Ihr pre-Flop-Bietverhalten auch den Blind-Spielern an!

Wenn Sie in mittlerer Position oder sogar „on the Button" (also in der Dealer-Position vor den Blinds) sitzen, dann beziehen Sie in Ihre Überlegungen auch die Blind-Spieler mit ein:

Wenn z.B. bisher niemand vor Ihnen mitgegangen ist und die Spieler in den Blinds sehr tight spielen, dann sollten Sie auch mit wesentlich mittelmäßigeren Händen wie A8o, Q9s oder JTo raisen! Denn die Chancen stehen dann sehr gut, dass die Blind-Spieler folden und Sie damit die Blinds bzw. die Ante stehlen können. Callen sollte man solche Blätter natürlich nie, denn Sie möchten mit ihnen ja möglichst nicht bis zum Showdown gehen, dafür sind sie zu schlecht.

Sitzen allerdings lockere Spieler in den Blind Positionen, dann sollte man dieselben Hände eher weg schmeißen!

Genauso sollte man Hände der Kategorie 3 - die man eigentlich in später Position raisen kann - eher nur callen, wenn die Blinds allgemein loose spielen.

Einzige Ausnahme: sie spielen nicht tight-loose, sondern schlecht. Dann sollte man eher ihre Schwachpunkte ausmachen und viel mit ihnen spielen, denn sie zahlen Ihnen langfristig Ihren Chipstapel.

Lektion 21 - Pot Odds II / Implied Odds

Eigentlich sollten Sie sich anfangs ausschließlich erst einmal mit den normalen Pot Odds befassen. Nur weil man sie kennt, heißt das noch lange nicht, dass man sie auch aus dem FF beherrscht. Und ich rate hier jedem ab, zu früh zu viele Schritte auf einmal zu nehmen. Trotzdem möchte ich dieses Thema mindestens einmal angeschnitten haben, um Ihre Sinne langfristig für dieses Thema zu schärfen und zu sensibilisieren. Denn *Implied Odds* sind auch gleichzeitig erweitertes Positionsspiel. Denn die Position wirkt sich nicht nur auf Ihr allgemeines Bietverhalten aus, sie kann sogar Ihre Pot Odds verändern!

Beispiel: Nehmen wir an, Sie spielen an einem Limit Tisch mit $10/20. Es sind mit Ihnen insgesamt noch 3 Spieler im Spiel. Beim Flop liegen $80 im Pot, Sie sind an 2ter Position und der Spieler vor Ihnen bietet $10.

Die Pot Odds - völlig unabhängig von Ihrer Hand - sind in diesem Fall 10% bzw. 9 zu 1 (mit anderen Worten, Sie brauchen mindestens eine Hand mit einer 10%igen Gewinnwahrscheinlichkeit, damit sich dieser Call langfristig rechnet).

Wenn Sie allerdings wissen, dass Sie einen sehr locker-aggressiven Spieler hinter sich sitzen haben, der schon vor dem Flop recht bietfreudig war, dann müssen Sie in Ihre Überlegung einbeziehen, dass er wahrscheinlich raisen wird... Was bedeutet das dann für Ihre Pot Odds?

Da wir uns ja im Limit Spiel befinden, wissen wir, dass er maximal den Small Bet (in dieser Bietrunde nach dem Flop also $10) erhöhen kann. Wenn er das tut und der erste Bieter callt, dann muss ich also danach weitere $10 callen, um die Turn-Karte zu sehen. Rechnen wir einmal zusammen:

80 im Pot
+10 (Gebot Spieler A)
+10 (Call von mir)
+20 (Raise von Spieler C)
+10 (erneuter Call von Spieler A)
+10 (erneuter Call von mir)

= $140 zu erwartende Pot Size am Ende der Bietrunde. Dazu muss ich insgesamt $20 beisteuern.

Wenn ich diese Erkenntnis jetzt allerdings auf die Pot Odds umrechne, habe ich plötzlich Pot Odds von 20:140 = 14,3% bzw. 20 zu 120 = 6 zu 1.

Beziehe ich also in die Berechnung der Pot Odds mit ein, dass der oder die Spieler nach mir erhöht bzw. erhöhen, benötige ich in diesem Beispiel plötzlich eine Hand mit einer mindestens 14,3%igen Wahrscheinlichkeit, damit sich dieser Call langfristig rechnet.

Dieses Spielchen kann man natürlich noch weiter treiben und bei seiner Überlegung, ob man beim Flop callt oder foldet, die gesamten zu erwartenden Einsätze bis zum Showdown in Verhältnis setzen zu seinen eigenen noch zu tätigenden Einsätzen, wenn man bis zum River auf seine gewünschte Karte warten muss. Diese Herangehensweise nennt sich ***Implied Odds***.

Dieser Wert ist natürlich ziemlich theoretisch, hängt extrem von der jeweiligen Spielsituation und den Spielern am Tisch ab und ist eher als eine mathematischen Herausforderung und Steigerungs-Möglichkeit zu sehen, wenn man von der Errechnung der „normalen" Pott Odds gelangweilt bzw. unterfordert ist.

Ich werde im zweiten Band von „TEXAS HOLD'EM - POKER MIT SYSTEM" auf diese erweiterten Pot Odds näher eingehen. Vorher wäre das zu viel des Guten, deswegen belasse ich es bewusst an dieser Stelle beim Anschneiden dieses Themas. Gleiches gilt für ***Reverse Implied Odds*** und ***Redraws.***

Lektion 22 - Mit der zweitbesten Hand „gewinnen"

Jeder wird nachvollziehen können, dass Sie gewinnen können, wenn Sie mit einer schlechten Hand hoch bieten und Ihr Gegner mit der besseren Hand raus geht. Dann bekommen Sie den Pot für ein schlechtes Blatt und haben gut geblufft.

Es gibt aber noch eine andere Überlegung, mit der zweitbesten Hand zu gewinnen. Wenn Sie nämlich mit der schlechteren Hand ein Gebot machen und Ihr Gegner callt, dann können Sie dadurch evtl. weniger verlieren (also im Endeffekt „gewinnen") als wenn Sie nur checken.

Das verlangt natürlich nach einem Beispiel:

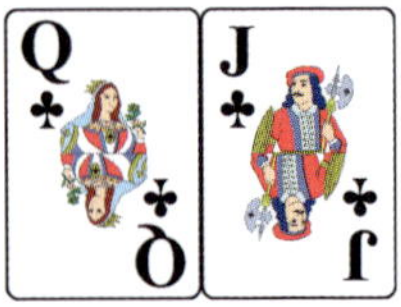

SPIELER

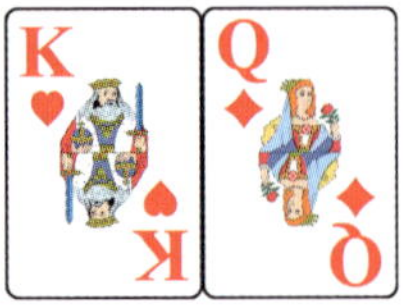

GEGNER

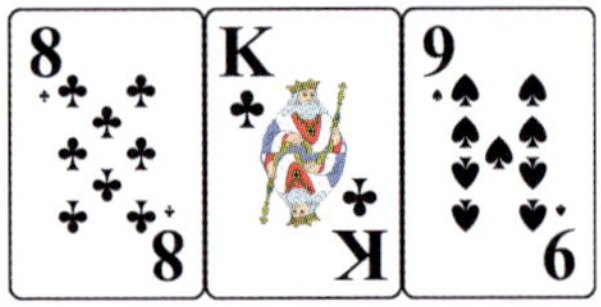

FLOP

Sie könnten hier Ihren Flush Draw repräsentieren und bieten, entscheiden sich aber zu checken, Ihr Gegner bietet und Sie callen.

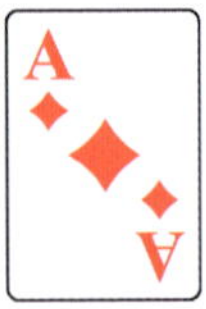

TURN

Was machen Sie jetzt? Diesmal bieten Sie und repräsentieren damit für Ihren Gegner erst einmal das Ass. Aber warum und was hat das für Vorteile für Sie?

Mal angenommen, Ihr Gegner würde wissen, dass Sie kein Ass haben, dann würde er in einer solchen Situationen so hoch raisen, dass Sie folden müssen (um sein Königspaar vor einem weiteren Kreuz zu schützen). Das würde er auch definitiv tun, wenn er wüsste, was Sie haben. Er kennt Ihr Blatt aber nicht und ist von Ihrem Bet somit erst einmal eingeschüchtert… Also wird er mit hoher Wahrscheinlichkeit nur callen! Dieser Call ist aber - auf lange Zeit betrachtet - ein Gewinn für Sie!

Erinnern Sie sich daran, wie viele Outs Sie mit dem o.g. Blatt haben: Flush Draw 9 Outs (die restlichen 9 Kreuz) plus der Inside- oder auch Gutshot Straight

Draw mit 3 Outs (die 3 Zehnen, die Kreuz-Zehn wurde ja schon für den Flush gezählt). Das macht insgesamt 12 Outs! Das entspricht einer Gewinnwahrscheinlichkeit von ca. 12x2+2=26% auf dem Turn. Anders ausgedrückt: Sie gewinnen hier im Schnitt in 1 von 4 Fällen und verlieren in 3 von 4 (also Odds von 1 zu 3). Wenn Sie Ihre Karten in den 3 von 4 Fällen nicht bekommen, verlieren Sie aber an genau dieser Stelle weniger Geld, weil Sie geboten haben anstatt zu checken! Denn hier ist es durchaus möglich, dass Ihr Gegner foldet. Und die Male, die Ihr Gegner foldet, obwohl Sie beim Showdown verloren hätten, verbessern auf Dauer Ihre Gewinnerwartung bei einer solchen Hand…

Dazu kommt, dass Sie die folgende Karte evtl. günstiger zu sehen bekommen als im anderen Fall und können dann immer noch anhand der Turnkarte entscheiden, ob Sie danach weiter gehen oder nicht.

Lektion 23 - Zickzack spielen

Wenn Sie sich an die in diesem Buch beschriebenen Techniken halten, können Sie sehr weit kommen, sich eine gute Bankroll aufbauen und sich in recht hohe Limits spielen.

Je höher Sie kommen, desto schwerer werden aber auch Ihre Gegner. Daher ist es wichtig, sich in der Anfangsphase eine solide Technik anzueignen, um sie später bewusst und gekonnt manipulieren zu können. Wenn Sie z.B. an einen höheren Cash-Game Tisch kommen und die Gegner Sie noch nicht kennen, ist es sehr wichtig sein Spiel regelmäßig zu variieren! Je besser die Spieler sind, desto mehr versuchen sie Sie zu kategorisieren (in TAG, LAG o.ä.).

Das ist natürlich letztendlich nur ein kleines Psychospiel, das man aber manipulieren kann und sollte. Dieser Ansatz ist aber definitiv etwas für fortgeschrittene Spieler.

Ich möchte hier besonders Anfänger nicht allzu sehr überladen und empfehle daher jedem, der noch nicht in hohen Limits spielt und diese beherrscht, sich erst einmal auf ein solides, klassisches, tight-aggressives Spiel zu konzentrieren und diesen „Skill" so zu erlernen, wie es in diesem Buch beschrieben wurde.

Das gleiche gilt für unterschiedliche Spielarten: Wenn Sie ständig zwischen No-Limit, Limit, Omaha Hold'em, Texas Hold'em, Cash-Games und Turnieren hin- und her springen, werden Sie alles ein wenig können aber nichts so richtig gut! Natürlich ist es von Vorteil, alles auch mal auszuprobieren und sich mit Abwechslung den Spaß am Spiel zu erhalten. Aber Sie sollten sich besonders in der Anfangsphase auf einen Bereich konzentrieren und diesen erst einmal versuchen wirklich zu beherrschen um in den Limits / Stufen aufzusteigen, bevor Sie sich an einen anderen Bereich heranwagen.

Wie bereits mehrfach erwähnt ist ein guter Limit-Spieler noch lange kein guter No-Limit Spieler und umgekehrt. Daher gilt:

Fortgeschrittene sollten langfristig häufiger Zickzack spielen, Anfänger sollten in der ersten Zeit weniger Zickzack spielen!

In Turnieren kann ein wechselhaftes Spiel aber auch für Anfänger eine gute Waffe sein, denn sowohl Turniere als auch sog. Sit&Gos unterliegen etwas anderen Regeln als Cash-Games…

Kapitel 7

Turniere und Sit&Gos

„In order to live, you must be willing to die…"

-- Amir Vahedi

Cash-Games VS Turniere

Die klassischen Cash-Games haben Sie jetzt ja kennen gelernt und man findet sie entweder in jedem Casino oder online in jeder Software: Es sind ganz einfach die Tische, die festgelegte Minimum- und Maximum-Buy-Ins und festgelegte Blinds bzw. Big Bets haben.

Beispiel: Ein Tisch mit $10 Maximum Buy-In und $0.10/0.25 Bets ist ein klassischer Cash-Game Tisch. Der Hauptunterschied zu Sit&Gos bzw. zu Turnieren ist der, dass man bei Cash-Games jederzeit ins Spiel einsteigen kann (wenn ein Platz frei ist), und auch jederzeit wieder gehen kann, wenn man möchte.

Es gibt sog. Shorthanded Tische (SH), bei denen maximal 6 Spieler an einem Tisch spielen können und sog. Full Range Tische (FR), bei denen z.T. bis zu 11 Spieler an einem Tisch spielen können.

In Cash-Games wird weltweit das meiste Geld verdient aber auch das meiste Geld verzockt. Hier ist Geduld und eine solide, gute Strategie immer das langfristig beste Gewinnkonzept. Je höher die Limits bzw. Max-Buy-Ins werden, desto besser werden natürlich die Spieler und desto ausgefeilter muss die eigene Strategie sein.

An Anfängertischen (wie den z.B. „kleineren" Tischen in Onlinepokerräumen) haben die meisten Spieler überhaupt keine Strategie und spielen aus Spaß oder weil sie mal was anderes probieren wollen anstatt Lotto. An diesen Tischen langfristig Geld zu verdienen ist nicht allzu schwer, wenn man die Regeln aus diesem Buch befolgt.

Da man besonders bei Cash-Games aber relativ wenige spekulative Hände spielt, kann dieses Spiel auf Dauer etwas langweilig werden. Daher spielen viele Spieler online Cash-Games an mehreren Tischen gleichzeitig. Das erhöht nicht nur den Adrenalinschub des Spiels, sondern vergrößert häufig auch die sog. „hourly rate": den Gewinn, den man pro Stunde erwirtschaftet mit seinem Spiel.

Jetzt könnte man sich natürlich fragen: „Wenn ein Spieler bei $2/4 immer gut gewinnt, wieso spielt er dann nicht einfach bei $25/50 und macht dadurch den höheren Gewinn?“ Nun ja, um in höheren Limits zu den ständigen Gewinnern gehören zu können, muss man diese Ebene beherrschen! Denn je höher man in den Limits steigt, desto stärker werden wie gesagt auch die Gegner. Und schließlich möchte man ja nicht zu den Bezahlenden sondern zu den Gewinnern gehören...

Eine andere Möglichkeit, um sich Abwechslung und etwas erhöhten Adrenalin-Kick zu verschaffen, sind Turniere.

Turniere

Turniere funktionieren nach etwas eigenen Regeln. Das Spiel ist prinzipiell immer noch das gleiche, aber um ein Turnier zu gewinnen, muss man eine etwas andere Taktik spielen als an „normalen“ Tischen. Im Gegensatz zu Cash-Games kann man auch nicht jederzeit in ein Turnier einsteigen, sondern es gibt immer bestimmte Registrierungszeiten.

Alle teilnehmenden Spieler zahlen dann ein festgelegtes Buy-In für das jeweilige Turnier (z.B. jeder $6 oder jeder $215 oder ähnliches, es gibt aber auch Freerolls ohne Buy-In) und dann bekommen alle Spieler dieselbe Anzahl an Chips (z.B. im Wert von 3000, oder im Wert von 1500 oder so). Diese Chips entsprechen aber keinem echten Geld, sondern sind eher wie Spielgeld zu sehen. Die Gewinnausschüttung geschieht fast immer anhand des Buy-Ins und der Anzahl der Personen, die im Turnier mitspielen. Meistens behält sich der Veranstalter noch eine Gebühr vom Buy-In ein.

So ist z.B. eine klassische Turnier-Struktur: $110 Buy-In, davon wandern $100 in den Prize Pool, $10 bleiben beim Veranstalter. Bei 1000 Mitspielern wäre das dann ein Preisgeld von $100.000. Denkbar ist dann z.B., dass der Erste 30% bekommt, der Zweite 12%, der Dritte 9% usw., und dann staffelt sich das herunter z.B. bis zum 100. Platz. Aber das ist bei jedem Turnier anders...

Eine weitere Besonderheit von Turnieren im Gegensatz zu Cash-Games ist die Tatsache, dass die Blinds kontinuierlich steigen. Häufig beginnen sie bei $20/40 und gehen in größeren Turnieren nicht selten bis auf $40.000/80.000 hoch.

Hierzu vielleicht erst einmal eine Übersicht über die unterschiedlichen Turnier-Arten:

Single-Table-Turniere (STT)

Diese Turniere werden gerne in Casinos oder z.B. zu Hause gespielt, man findet sie aber natürlich auch in fast jeder Pokersoftware. Single-Table heißt dabei, dass man nur an einem Tisch spielt und dadurch die Spieler-Anzahl auf 9, 10 oder 11 Spieler (je nach Tischgröße) begrenzt ist. Hier steigen die Blinds natürlich auch mit der Zeit immer höher, aber der Gewinner steht häufig recht bald fest.

Multi-Table-Turniere (MTT)

Im Gegensatz zu STTs sind MTTs nicht nur selten begrenzt in der Spielerzahl und finden an mehreren Tischen statt. Bekannteste Multi-Table-Turnierreihe ist sicherlich die *World Series Of Poker*.

Bei Multi-Table-Turnieren steigen ebenfalls die Blinds kontinuierlich an. Da hier die Anzahl der Spieler sehr groß ist, gehen die Blinds allerdings häufig auf weit über $10.000, dementsprechend sind die Stacks am sog. „Final Table" aber auch meist sehr hoch, teilweise über $1.000.000.

Sit&Go-Turniere / -Tische (SNG)

SNGs unterscheiden sich von STTs und MTT im Grunde nur in einem Punkt: Es gibt statt einer Startzeit für das Turnier eine festgelegte Spieleranzahl für SNGs. Das Turnier startet, sobald diese Anzahl Spieler am Tisch bzw. an den Tischen sitzen. Die klassischen Multi-Table-Turniere starten immer zu einem bestimmten Zeitpunkt mit der Anzahl an Spielern, die sich bis dahin angemeldet und den Buy-In bezahlt haben.

SNGs sind ähnlich wie STTs kleine Mini-Turniere und etwas fortgeschrittenere Online-Spieler spielen gerne auch mehrere SNGs parallel. Die Strategien sind aber bei allen Turnierformen aufgrund der ähnlichen Faktoren (steigende Blinds, steigende Stacks, sinkende Spielerzahl) sehr ähnlich:

Lektion 24 - Turnierstrategie I / Zeitplan

Natürlich gewinnen auch bei Turnieren - egal welche Strategie man fährt - langfristig immer die besseren Spieler. Es gibt immer mal wieder Ausnahmen, aber ein solides, korrektes Spiel und die Beherrschung der klassischen „Poker-Skills" (Pot Odds, Outs, Implied Odds, Position…) ist die Basis für jede gute Poker Strategie.

Trotzdem wird man - wenn man ein Pokerturnier genauso spielt wie einen Cash-Game - höchstwahrscheinlich nie bis unter die Ersten kommen.

Denn es gibt im Pokerturnier einen kleinen, aber entscheidenden Unterschied zu den Cash-Games: Das Ansteigen der Blinds!

Deshalb unterteilt man die Strategiephasen meist in die Blind-Phasen.

1) Anfang (kleine Blinds): „TIGHT PHASE"

In der Anfangsphase eines Turniers sollte man generell extrem tight spielen.

Suited Connectors gewinnen hier stark an Wert, weil in der Anfangsphase noch viele Anfänger mitspielen, die sich viele Flops anschauen, häufig callen und selten Raisen und man dadurch den Flop meistens recht günstig bei sehr guten Pot Odds zu sehen bekommt. Mittelstarke Hände wie KJ, KT, AT o.ä. sind in dieser Phase allerdings mehr oder weniger wertlos.

Ich empfehle Ihnen in der Anfangsphase eines Turniers sogar eher noch ein tight-passives Spiel. Das bedeutet dass Sie nur Monsterhände aggressiv spielen sollten, keine Bluffs, kaum Continuation Bets und Paare kleiner als JJ im Grunde nur auf Setvalue spielen. Haben Sie dann mal AK und die auch standardmäßig vor dem Flop geraist, es kommt dann aber Q92 auf dem Flop und der Gegner macht einen Bet: Raus aus der Hand!

Der Grund dafür ist relativ einfach: Die Chips, das man in dieser Phase gewinnen kann, sind extrem wenig wert! Um das zu verdeutlichen hier mal ein extremes Beispiel:

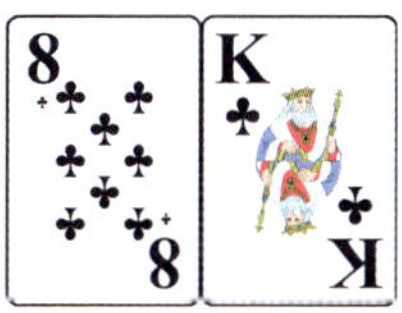

SPIELER

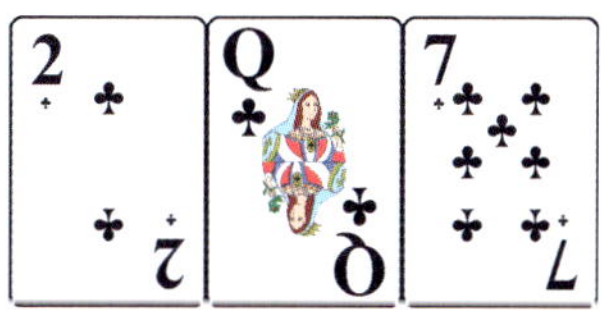

FLOP

Hier haben Sie ein ziemlich gutes Blatt, Sie haben den Flush mit King als höchster Karte. Setzt Sie ein Gegner in der frühen Phase eines Turniers hier allerdings All-In, würde ich lieber drüber nachdenken die Hand wegzuschmeißen als All-In zu gehen. Wie sind denn Ihre Aussichten mit dieser Hand?

a) Sie gewinnen, weil Ihr Gegner z.B. 9cTc hatte und Sie am Ende den höheren Flush halten. Herzlichen Glückwunsch, ein schönes Blatt, Sie verdoppeln Ihren Chipstapel. Bei einem Turnier mit 2000 Chips Anfangskapital haben Sie jetzt 4000 Chips und einen Gegner weniger.

b) Sie verlieren, weil Ihr Gegner AcJh hält und noch ein weiteres Kreuz auf dem Turn oder River bekommt. Oder er hat bereits den „Nut-Flush" (z.B. AcTc) und Sie sind bereits auf dem Flop „drawing dead". In beiden Fällen verlieren Sie alle Ihre Chips und sind raus aus dem Turnier.

Mit 4000 Chips sind Sie im Grunde genauso meilenweit vom Turniersieg entfernt, wie mit 2000 Chips. Bei größeren Turnieren haben die Spieler nicht selten über 1 Million Chips am Final Table.

Das Verhältnis zwischen dem, was Sie also mit dieser Hand gewinnen können und dem, was Sie aufs Spiel setzen mit einem All-In in dieser frühen Phase ist so ungünstig, dass es einfach keinen Sinn macht, am Anfang eines Turniers allzu aggressiv zu spielen. (Auch wenn dieses Beispiel vielleicht etwas extrem ist, kommen solche Situationen vor.)

Die 4000 Chips erreichen Sie genauso gut durch solides, tightes Spiel und mehrere, kleine Pötte. Hier zählt einzig und allein: GEDULD!

Allgemeine Taktik in dieser Phase: haben Sie eine gute Hand, betten Sie Ihre Standard-Erhöhung (3x BB + 1x BB pro Limper) vor dem Flop. Wenn Sie nach dem Flop nichts getroffen haben und gegen einen einzelnen Gegner spielen, machen Sie immer noch einen „Continuation Bet", es sei denn Ihre Hand hat so richtig gar keine Outs. Wenn Sie gecallt werden und auf dem Turn Ihre Hand nicht verbessern können oder sogar auf dem Flop geraist werden: RAUS AUS DER HAND! Hier können Sie Verluste „sparen" und Sie bleiben im Turnier. Die Hände, in denen alle Gegner gegen Sie folden oder Sie beim Flop die beste Hand treffen, werden Sie viel eher über Wasser halten.

2) Mitte (mittlere Blinds): „SURVIVAL PHASE"

Sobald die Blinds anfangen etwas stärker zu steigen, sollten Sie beginnen, hier und da ein paar Blinds zu stehlen. Wenn Sie also „on the Button" sitzen oder in der Cut-Off-Position (also vor dem Button) und vor Ihnen haben alle gefoldet, sollten Sie hier und da einen Steal-Bet wagen. Dafür reichen dann auch mal Hände wie QTo oder J7o oder ähnlich.

Auch sollten Sie Shortstacks (also Spieler mit wenig Chips) hier und da ein wenig attackieren. Wenn sie mit nur noch 7-10 BB in eine Hand limpen und Sie z.B. im BB sitzen, dann setzen Sie sie direkt All-In. Konfrontieren Sie die Spieler mit ihrer Sterblichkeit im Turnier. Aber Vorsicht: es gibt einige Spieler, die mit AA, KK oder AK limpen, um ihre Hand nicht gleich zu offenbaren. Das macht zwar eigentlich nur in fortgeschrittenem Stadium Sinn, wird aber von vielen Anfängern übernommen, weil sie es bei Profis gesehen haben. Da sollten Sie ein kleines Auge drauf werfen: welche Gegner machen so etwas? Das gehört gleich in die Spieler-Notiz, denn am Final Table kann Ihnen diese Information den Turniersieg bringen!

3) Ende (hohe Blinds): „ATTACK PHASE“

Wenn Sie in die Nähe der „in the Money“-Plätze kommen, spielen alle Spieler in der Regel noch einmal besonders tight, weil natürlich niemand so kurz vorm Ziel aus dem Turnier fliegen will. Das ist eine besonders günstige Phase, um Blinds und Pötte zu stehlen. Es gibt in jedem Turnier immer noch genügend Spieler, die „Fold into the money“ für eine gute Taktik halten. Diese Spieler glauben, dass ihr Chipstapel ausreicht, um einfach jede Hand außer AA und KK zu folden und dann kommen sie schon ins Geld. Das mag zwar auch passieren, aber *Ihr* Ziel sollte ja eher der Turniersieg sein!

Daher sollten Sie hier vor allem die Spieler, die kaum noch Chips haben, immer mal wieder direkt All-In setzen, anstatt klassisch zu bieten. Sobald Ihre Gegner alle Schwäche zeigen (z.B. wenn sie auf einem bunten Flop checken, o.ä.), ist das eine exzellente Möglichkeit, den Pot zu stehlen.

Sobald Sie „in the money“ sind, sollten Sie die Aggressivität deutlich erhöhen! Wenn Sie ansatzweise die beste Hand zu haben glauben, gehen Sie All-In! Wenn Sie Schwäche beim Gegner entdecken, schicken Sie ihn All-In! Sie sollten hier auch Hände mit einem hohen Bild und einem schwachen Kicker mal aggressiv spielen, vor allem wenn nur noch 3-4 Gegner am Tisch sind. Hier auf AA oder AK zu warten bedeutet den sicheren Tod!

Lektion 25 - Turnierstrategie II / Chipstapel

Trotz jeder guten Überlegung und trotz gutem Spiels kann es passieren, dass man mit ein oder zwei unglücklichen Händen plötzlich nur noch ganz wenig Chips hat.

Da die Blinds besonders dann stark gegen einen arbeiten, muss man relativ schnell handeln! Nehmen wir uns also noch einmal spezielle Strategien vor, die nicht von der Turnier-Phase, sondern vom eigenen Chipstapel (dem sog „Stack“) abhängig sind:

1) Short Stack (3-6 BB)

Sollten Sie im Laufe eines Turniers auf diese Chipgröße gefallen sein, haben Sie nicht mehr sonderlich viele Chancen, das Turnier zu gewinnen: Die Blinds steigen und Sie haben vielleicht noch 2-3 Runden, bevor Sie von den Blinds aufgefressen werden und automatisch All-In sind. Demnach MÜSSEN Sie die nächstmögliche Hand, selbst wenn sie nicht zu 100% eine Top Hand ist, ergreifen und direkt All-In gehen. Zum einen kann es sein, dass alle anderen Spieler folden und Sie die Blinds stehlen können, zum anderen haben Sie z.B. mit KT, TQ, K9 o.ä. auch immer noch gute Chancen, einen Pot zu gewinnen. In dieser Phase stehen Sie bereits mit dem Rücken zur Wand und sollten jetzt nur noch „live or die“ spielen. Ein allzu tightes Spiel zu diesem Zeitpunkt wird Sie eh nicht ins Geld retten!

2) Medium Short Stack (7-15 BB)

Diese Stackgröße ist recht kritisch und wird häufig falsch gespielt: Wenn Sie z.B. nur noch 8 BB übrig haben, und mit AQs den Standard Raise mit 3 BB machen, bleiben sich nur noch 5 BB. Wenn Sie einen Reraise pre-Flop bekommen, sind Sie meistens sowieso All-In, und wenn Sie nach dem Flop betten möchten, können Sie einen Pot Size Bet auch nur mit einem All-In machen. Das nennt man auch „Pot committed“.

Wenn Sie bei dieser Chipgröße also auch schon vorher wissen, dass Bieten oder Callen bei dieser Hand auf ein All-In hinauslaufen wird, dann sollten Sie hier direkt pre-Flop All-In gehen! Zum einen wird eine mittelmäßige Hand (w.z.B. 44 oder JT) damit wahrscheinlich weniger callen, was - sollten Sie z.B. das Board verfehlen - ein echter Gewinn für Sie wäre. Zum anderen könnten evtl. alle folden und Sie gewinnen die Hand direkt pre-Flop.

Hier nutzen Sie die Tatsache aus, dass Ihre Chips noch einen ansatzweise Furcht erregenden Wert haben und Sie laufen nicht in die Falle, mit schwachem Chipstapel auch schwaches Spiel zu kombinieren. Denn das wäre ebenfalls der sichere Tod in dem Turnier.

3) Big Stack (ab 30-50 BB)

Wenn Sie sich einen respektablen Chipstapel aufgebaut haben, haben Sie sicherlich eine gute Ausgangsposition um ins Geld zu kommen. Trotzdem sollten Sie hier nicht allzu vorsichtig spielen, denn schließlich ist Ihr Ziel der Turnier-Gewinn und Sie möchten diese Position beibehalten. Wenn Sie nur abwarten und supertight spielen, werden einige Spieler Sie schnell überholt haben und durch die steigenden Blinds sind Sie ganz plötzlich doch nur noch ein „Medium Stack"! Das sollten Sie natürlich versuchen zu vermeiden und hier gilt: Angriff ist die beste Verteidigung…

Besonders als Big Stack sollten Sie die kleinen bis mittleren Stacks attackieren! Wenn Sie z.B. on the Button sind und die Small Blind- und Big Blind-Spieler sind Medium Stacks, setzen Sie sie öfters mal All-In mit „any Two" (also mit jedem Blatt). Selbst 72o kann gegen AK gewinnen, und Sie konfrontieren sie damit ebenfalls mit Ihrer Sterblichkeit im Turnier... Niemand möchte aus dem Turnier fliegen und somit können Sie besonders hier viele Blinds und Antes stehlen und Ihren Stack weiter und weiter ausbauen. Sich auf seinen Chipstapel zu setzen und darauf zu warten, dass man ins Geld kommt, ist definitiv der falsche Weg!

Der bekannte Pokerspieler Amir Vahedi hat zum Thema Pokerturniere den berühmten und wahren Satz gesagt: „In order to live, you must be willing to die…" In vielen (nicht allen) Situationen ist die Beherzigung dieser Aussage wahrscheinlich die beste aller Strategien, um ein Pokerturnier zu gewinnen.

Lektion 26 - Sit&Go Strategie

Sit&Gos haben eine etwas eigene Philosophie, besonders 1 Table Sit&Gos sind - ähnlich wie STT - etwas anders zu spielen als normale MTTs, weil man quasi am Final Table beginnt.

Sit&Gos spielt man bis zu einem bestimmten Zeitpunkt ähnlich wie ein Turnier: zu Anfang tight, in der Mitte Blinds stehlen und zum Schluss aggressiv. Die Taktik ändert sich allerdings, sobald die Blinds einen kritischen Punkt überschritten haben. Denn wenn bei Sit&Gos die Blinds eine bestimmte Höhe erreicht haben, die Chipstapel aber aufgrund der wenigen Spieler im Turnier nicht im vergleichbaren Verhältnis stehen, sind plötzlich alle Spieler am Tisch gleichzeitig „Pot committed“! Das führt dazu, dass im Grunde nur noch sehr wenige Runden überhaupt bis zum Showdown gehen, weil ständig Pötte oder Blinds geklaut werden und permanent die Spieler All-In gehen.

Das Schöne an Sit&Gos ist, dass man nach 10 Runden in der Anfangsphase bereits alle Spieler der Endphase hat spielen sehen. In einem Turnier kann es passieren, dass man am Final Table nicht mal die Hälfte der Spieler aus dem bisherigen Turnierverlauf kennt oder sogar mit noch keinem Spieler des Final Table an einem vorherigen Tisch im Turnier gesessen hat.

Ein Sit&Go gewinnt man also nicht nur in der Schlussphase, sondern auch ganz besonders zu Anfang. In keiner Situation werden Spielernotizen so wertvoll wie in der Schlussphase (wenn alle ständig All-In gehen) eines Sit&Gos. Daher ist das A und O hierbei Ihre Beobachtungsgabe!

Daraus ergeben sich auch hier wieder 3 Phasen:

1) Anfang (kleine Blinds): „TIGHT PHASE“

Hier sollten Sie im Grunde fast keine Hände außerhalb von Kategorie 1 oder 2 spielen. Ich würde diese Phase auf jeden Fall zur Beobachtung und Einschätzung Ihrer Gegner nutzen, denn diese Informationen werde im Laufe des Spiels noch Gold wert sein.

2) Mitte (mittlere Blinds): „SURVIVAL PHASE“

Da die Blinds besonders in sog. Speed SNGs schnell steigen, sollten Sie in der mittleren Phase aus später Position hier und da mal durch einen Raise die Blinds versuchen zu stehlen. Dafür benötigen Sie nicht unbedingt eine sonderlich starke Hand, wenn die Gegner nach Ihnen nicht die absoluten Maniacs sind. Sie sollten spätestens damit beginnen, sobald der BB 1/20 Ihres Chipstapels beträgt: also bei 2000 Chips, sobald die Blinds auf 50/100 angestiegen sind.

3) Ende (hohe Blinds): „ATTACK PHASE“

Sobald Sie in diese Schluss-Phase gekommen sind, werden die Runden fast nur noch über Druck gewonnen und nicht mit guten Karten! Das bedeutet, je besser Sie Gegner einschätzen können, desto eher wissen Sie, wer Ihren All-In Spielzug callen wird und wer nicht… Sobald die Blinds 1/7 bis 1/15 Ihres Chipstapel betragen, sollten Sie einen All-In pre-Flop in Betracht ziehen. Hier sind dann im Grunde alle Spieler gleichzeitig Medium Short Stacks und es greift für alle die gleiche Situation, die auch für einen Turnierspieler greift, sobald er auf diesen Chipstapel herabgesunken ist. Aber die Blinds sind nicht der einzige Faktor: die Anzahl der Gegner hat sich bis dahin auch so weit reduziert, dass Sie quasi auch jede vierte bis fünfte Runde diese hohen Blinds bezahlen müssen. Deshalb müssen Sie nicht nur viel mehr marginale Hände in dieser Phase spielen, Sie müssen sie auch anders spielen.

Es ergibt sich eine grundlegend andere Reihenfolge Ihrer Überlegungen, wie Sie sich pre-Flop verhalten, als bei Cash-Games oder bei normalen Turnieren:

a.) Welche Position habe ich?

b.) Hat vor mir jemand geboten / geraist?

c.) Wie spielen die Gegner, die hinter mir sitzen?

d.) Wie viele Chips haben die Gegner hinter mir?

e.) Wie viele Chips habe ich?

f.) Welche Karten habe ich?

Die optimale Situation, in der Sie einen hohen Raise oder einen All-In machen können, ist demnach diese:

a.) Sie sind in später Position (Button)

b.) Es hat niemand vor Ihnen geboten / geraist

c.) Die Gegner hinter Ihnen spielen relativ tight

d.) Die Gegner hinter Ihnen haben noch genügend Chips, so dass sich ein Call mit jeder beliebigen Hand für sie nicht lohnen würde

e.) Ich habe mehr als 3 BB an Chips, so dass mein Raise einschüchternd genug ist, dass er auch den BB aus seiner Hand vertreiben kann

f.) Ich habe eine ansatzweise brauchbare Hand

Versuchen Sie hier in später Position bei einem uneröffneten Pot fast mit jeder Hand zu raisen oder mit ihr All-In zu gehen, um die wertvollen Blinds zu stehlen oder einen Gegner aus dem Spiel zu werfen. SNGs in der Schlussphase sind von einem recht starken Zufallseinfluss geprägt und nicht selten kommt es zu sog. „Coinflip"-Situationen, also 50:50 Entscheidungen, in denen 44 gegen AK All-In sind. Für SNGs sollte man daher eine recht hohe Bankroll haben, um sie dauerhaft gewinnbringend spielen zu können, denn wenn man eine 50:50 Entscheidung kurz vor dem Geld verliert, ist man seinen Buy-In los und bekommt für seine investierte Zeit nichts! Das sollte man finanziell verdammt gut auffangen können.

Sie werden natürlich - genauso wie bei allen taktischen Anweisungen - nicht immer mit dieser Taktik das SNG gewinnen, aber wesentlich häufiger, als wenn Sie auf AA und AK warten. Die Blindstruktur bei SNGs ist so spielentscheidend, dass die Karten in der Schlussphase fast nebensächlich werden.

SNGs sind meiner Meinung nach die höchste Kunst des Pokerns und die Variante mit der am intensivsten psychologischen Seite des Spiels. Es gibt viele Pokerspieler, die auch SNGs online auf mehreren Tischen gleichzeitig spielen, davon möchte ich Ihnen in dieser Situation allerdings absolut abraten! SNGs und STTs machen enorm Spaß und sind eine fantastische Möglichkeit, um

Spieleranalyse zu erlernen, über Druck und Gegendruck das Spiel zu manipulieren und um die Psychologie des Pokerns besser zu verstehen. Wenn Sie SNGs aber automatisiert spielen, ist die Wahrscheinlichkeit groß, dass Sie Geld verschenken bzw. öfter verlieren und dass Sie wichtige Lerneffekte verpassen. In fortgeschrittenem Stadium ist das natürlich etwas anderes.

Übungen Teil 4 - Turnierpraxis

Übung 7)

- Begeben Sie sich wieder in den Spielgeldbereich Ihres Pokeranbieters. Spielen Sie hier einmal über eine etwas längere Zeit ein paar SNGs und ein paar Turniere nach den oben genannten Strategien. Grundsätzlich haben Sie hier natürlich wieder das Problem, dass Spielgeld-Spieler häufig so chaotisch spielen, dass man das eigene Spiel kaum ersthaft trainieren und bewerten kann. Aber hier geht es eher darum, dass Sie sich mit einer tight-aggressiven Spielweise in die letzten Plätze spielen und dann dort die ersten Erfahrungen mit der „Attack Phase" eines Turniers bzw. eines SNGs machen. Wichtig ist vor allem hier, dass Sie sich nicht von Verlusten einschüchtern lassen. Ihre Gegner an den Echtgeldtischen werden sich besonders in dieser Phase reichlich anders verhalten.

Deshalb sollten Sie Ihre Erfahrungen nach einiger Zeit am Spielgeldtischen auch hier wieder um die Echtgeldturniere und -SNGs erweitern. Sie werden merken, dass man in der heißen Phase eines Turniers um echtes Geld ganz anders Druck ausüben kann, als das bei Spielgeldturnieren der Fall ist. In der folgenden und letzten Übung sollten Sie dahier nicht nur einfach mitspielen und Erfahrungen sammeln, sondern Ihre Skills lernen anzuwenden:

Übung 8)

- Begeben Sie sich nun an einen „Single-Table SNG"-Echtgeldtisch mit kleinem bis mittlerem Buy-In. Spielen Sie das SNG nach den o.g. drei Phasen und versuchen Sie ein Gespür zu entwickeln, in welchen Situationen Ihr Druck funktioniert und wann nicht. Wenn Sie aus dem SNG herausfliegen sollten, ist das nicht schlimm. Für SNGs sollte man wie gesagt eine recht hohe Bankroll haben, und Sie sollen hier nur einmal ein Gefühl dafür bekommen, dass es auch in Situationen Sinn machen kann, mit T2 All-In zu gehen. Ziel dieser Übung ist es vor allem, Ihnen klar zu machen, wieso Sie im TV solche Spielzüge bei den *WSOP* auch mal zu sehen bekommen und was es in der Praxis bedeutet, „den Gegner" oder „die Situation" zu spielen, anstatt nur „die Karten".

Spielen Sie aber in der Anfangszeit nicht allzu viele SNGs! Turniere und SNGs erfordern nicht nur fortgeschritteneres Spiel und einiges an Erfahrung im Pokern, es sind auch Varianten, die wesentlich stärker vom Glück beeinflusst sind als das Cash-Game. Wenn Sie ein $15 Buy-In Turnier gewinnen und damit die Eintrittskarte für ein $500 Buy-In mit Chance auf $50.000 bekommen haben, bringt es Ihnen im $500 Turnier recht wenig, dass Sie langfristig gewinnbringend gespielt haben mit Ihrem Flush Draw, aber in diesem Fall aus dem wertvollen Turnier fliegen.

Daher empfehle ich Ihnen zum jetzigen Zeitpunkt Ihrer Karriere: Spielen Sie ab und zu auch mal Turniere und SNGs zur Abwechslung, aber konzentrieren Sie sich auf Cash-Games! Hier werden Sie länger anhaltende Erfolge erzielen und können sich mit einem guten Bankroll Management vor stärkeren Verlusten schützen.

Kapitel 8

Test your Skill - Beispielhände

„Besides lovemaking and singing in the shower, there aren't many human activities where there is a greater difference between a person's self-delusional ability and actual ability than in poker."

-- Steve Badget

Beispielhände Teil 1 - Pre-Flop Verhalten

1)

Hand: 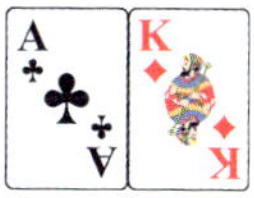
Position: Button
Situation: NL Cash-Game an einem relativ tighten Tisch
Pre-Flop Action: UTG-1 callt, MP2 callt, alle anderen folden
Pot: 3,5 BB
Frage 1): Was machen Sie?

2)

Hand: 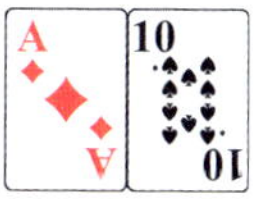
Position: UTG
Situation: Früh in einem NL Turnier, loose-aggressiver Tisch
Pre-Flop Action: -
Pot: 1,5 BB
Frage 2): Was machen Sie?

3)

Hand: 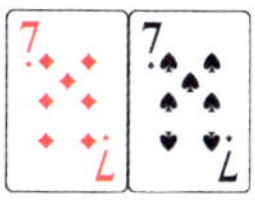
Position: MP2
Situation: NL Cash-Game, relativ tight-passiver Tisch
Pre-Flop Action: UTG-1 raist auf 3 BB, MP3 callt
Pot: 7,5 BB
Frage 3): Was machen Sie?

4)

Hand: 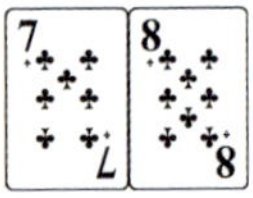

Position: Cut-Off
Situation: Mitte eines NL Turniers, loose-passiver Anfängertisch
Pre-Flop Action: UTG-1 callt, MP1 callt, MP2 callt, MP3 callt
Pot: 5,5 BB
Frage 4): Was machen Sie?

5)

Hand: 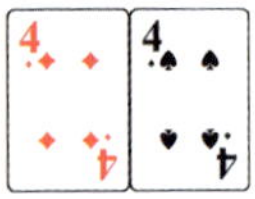

Position: Small Blind
Situation: NL Cash-Game, relativ tighter Tisch
Pre-Flop Action: alle folden
Pot: 1,5 BB
Frage 5): Was machen Sie?

Beispielhände Teil 2 - Pot Odds

6)

Hand: 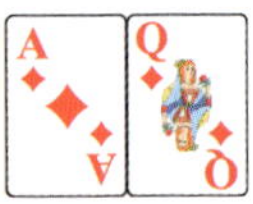

Position: MP1
Situation: NL Cash-Game, tight-aggressiver Tisch
Pre-Flop Action: Spieler raist 4 BB, SB callt, BB callt
Pot: 12 BB

Flop: 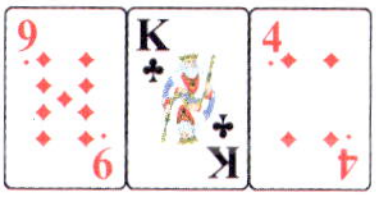

Post-Flop Action: SB raist um 4 BB, BB foldet

Pot: 16 BB

Frage 6a): Wie viele Outs haben Sie hier?

Frage 6b): Was machen Sie?

7)

Hand: 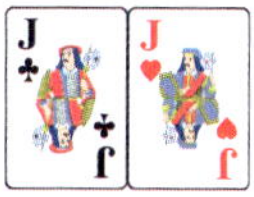

Position: Cut-Off

Situation: NL Cash-Game, relativ tight-aggressiver Tisch

Pre-Flop Action: UTG+2 callt, Spieler raist 4 BB, BB callt, UGT+2 callt

Pot: 12,5 BB

Flop: 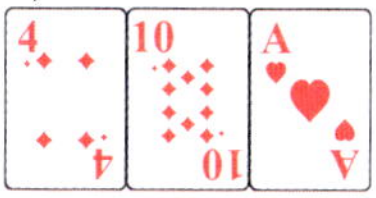

Post-Flop Action: BB checkt, UTG+2 raist 6 BB

Pot: 18,5 BB

Frage 7a): Wie viele Outs haben Sie hier?

Frage 7b): Was machen Sie?

8)

Hand: 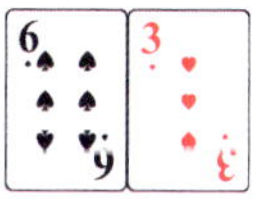

Position: BB

Situation: NL Sit&Go / früh, sehr loose-passiver Anfängertisch

Pre-Flop Action: UTG+1 callt, MP1 callt, MP2 callt, Button callt, SB callt, Spieler checkt

Pot: 6 BB

Flop: 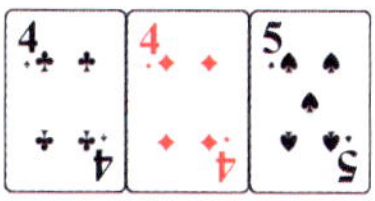

Post-Flop Action: SB raist um 3 BB

Pot: 9 BB

Frage 8a): Wie viele Outs haben Sie hier?

Frage 8b): Was machen Sie?

Beispielhände Teil 3 - Bieten in den einzelnen Runden

9)

Hand: 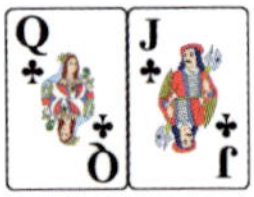

Position: SB
Situation: NL Sit&Go, loose-aggressiver Anfängertisch
Pre-Flop Action: UTG+1 callt, MP3 callt, Button callt, Spieler callt (aufgrund der guten Pot Odds), BB checkt
Pot: 6 BB

Flop: 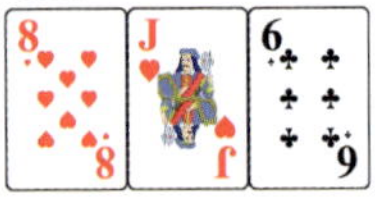

Frage 9a): Was machen Sie nach dem Flop?

Turn: 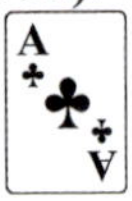

Frage 9b): Was machen Sie nach dem Turn?

River: 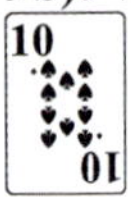

Frage 9c): Was machen Sie nach dem River?

10)

Hand: 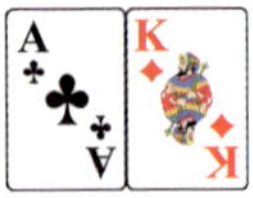

Position: UTG+2
Situation: NL Turnier, früh, wenig Informationen über den Tisch
Pre-Flop Action: UTG und UTG+1 folden, Spieler raist 3 BB, SB callt, alle anderen folden
Pot: 7 BB

Flop: 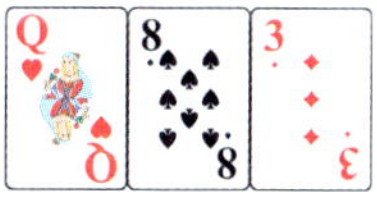
SB macht einen Bet: 2 BB.
Frage 10): Was machen Sie?

11)

Hand: 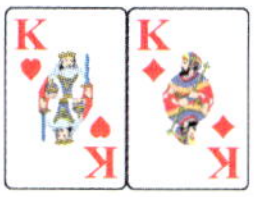
Position: MP2
Situation: NL Sit&Go, früh, wenig Informationen über den Tisch
Pre-Flop Action: UTG callt, MP1 raist auf 2 BB, Spieler raist auf 6 BB (3fache des vorherigen Raise), BB callt, UTG callt, MP1 callt
Pot: 24,5 BB

Flop: 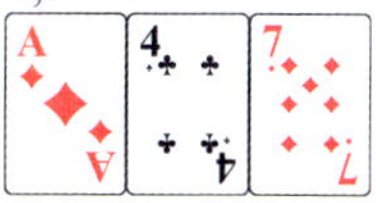
BB checkt, UTG bietet 3 BB, MP1 callt
Pot: 30,5 BB
Frage 11a): Was machen Sie nach dem Flop?

Turn: 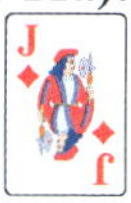
BB bietet 5 BB, UTG callt, MP1 raist auf 10 BB.
Pot: 56,5 BB
Frage 11b): Was machen Sie nach dem Turn?

River: 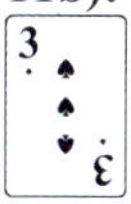
BB bietet 30 BB, UTG foldet, MP1 callt
Pot: 156,5 BB
Frage 11c): Was machen Sie nach dem River?

Antworten Teil 1 - Pre-Flop Verhalten

Antwort 1):

Sie sollten raisen und zwar mindestens 5 BB: 3 BB Standardraise plus 1 BB pro Limper/Caller.

Antwort 2):

Da Sie an einem recht loose-aggressiven Tisch sitzen und noch recht früh in einem Turnier sind, sollten Sie diese Hand maximal in später Position spielen, wenn alle anderen Spieler gefoldet haben. In dieser frühen Position ist das allerdings ein klarer Fold!

Antwort 3):

Nach der Pre-Flop-Strategie ist das ein Fold! Sie sitzen an einem recht tight-passiven Tisch. Daher ist die Wahrscheinlichkeit, dass bereits einer der beiden Spieler ein höheres Paar als 77 hält, ziemlich hoch. Ein Flop mit einer hohen Karte (w.z.B. Ass oder König) würde Ihre Siegchancen zusätzlich schmälern. Ihre einzig realistische Gewinnchance wäre hier eine dritte 7. Die kommt allerdings zu selten, als dass sich hier ein Call lohnen würde. Deshalb ist ein Fold hier die einzig korrekte Spielweise.

Antwort 4):

Nach der Pre-Flop-Strategie ist das ein Call! Ein solches Bietverhalten mit vielen Callern vor dem Flop ist vor allem an Anfängertischen recht häufig anzufinden. Hier gewinnen die sog. „suited connectors" sehr stark an Wert, denn man bekommt extrem gute Pot Odds bzw. Implied Pot Odds! Wenn man ein Monster floppt (in diesem Fall die Straight, den Flush oder sogar den Straight Flush), wird das in der Regel extrem gut ausbezahlt.

Antwort 5):

Nach der Pre-Flop-Strategie ist das ein klarer Raise auf 3 BB! Wenn der BB ein tighter Spieler ist, wird er hier recht häufig folden und Sie gewinnen die Runde bereits direkt hier.

Antworten Teil 2 - Pot Odds

Antwort 6a):

Sie haben hier 10 echte Outs. Die 9 Outs für Ihren Flush können Sie natürlich voll zählen, für die verbleibenden drei Asse würde ich hier nur ein Out rechnen. Wenn das Ass auf dem Turn kommt, haben Sie zwar Top Pair. Aber Sie werden von AK, A4, A9, AA, KK, 99, 44, K9 und K4 geschlagen. Da der Tisch tight-aggressiv ist, würde ich allerdings AA, KK und AK hier ausschließen: der BB hat Ihren Raise vor dem Flop nur einfach gecallt, was eher auf eine spekulativere Hand schließen lässt. Mit A4, A9, K9 und K4 wird ein tight-aggressiver Spieler aber auch selten pre-Flop callen, weil sie zu leicht dominiert werden, so dass noch 44 und 99 bleiben. Da Top Pair als Out aber recht unsicher als bestes Blatt ist, würde ich hier nur 1 Out für die drei Asse zählen.

Antwort 6b):

Sie sollten callen! Sie haben zwar im Moment nur „High Card Ace", aber ihre 10 Outs geben Ihnen hier Odds laut Odds Liste von 1 zu 3,7. Die Pot Odds von 4 zu 1 rechtfertigen diesen Call.

Antwort 7a):

Sie haben hier zwar ein gutes Blatt mit dem Bubenpärchen vor dem Flop bekommen, aber leider mit dem Flop eine Overcard und eine Möglichkeit zum Flush Draw beim Gegner. Den Karo-Buben würde ich hier als echtes Out nur selten mitzählen, wenn mein Gegner aggressiv bietet. Somit bleibt also 1 wirkliches Out, falls mein Gegner zum jetzigen Zeitpunkt ein weiteres Ass auf der Hand hält.

Antwort 7b):

Der 6 BB Bet könnte natürlich ein Continuation Bet sein, ohne dass der Gegner das Ass oder den Flush Draw hat. Aber es wäre zu teuer, das heraus zu finden, auch wenn zwei Buben auf der Hand nach mehr aussehen. In dieser Situation ist das ein ganz klarer Fold!

Antwort 8a):

Sie haben hier einen „Open Ended Straight Draw" und somit 8 Outs.

Antwort 8b):

Wenn man nur die reinen Pot Odds betrachtet, wäre das hier ein klarer Fold. Die Odds von 1 zu 4,88 stehen in einem schlechten Verhältnis zu den Pot Odds von 3 zu 1. Betrachtet man allerdings die Implied Odds in dieser Situation, sieht es schon etwas anders aus: Ich kann bei einem loose-passiven Anfängertisch relativ häufig davon ausgehen, dass mindestens noch zwei weitere Spieler nach mir callen werden! Viele Anfänger hoffen bei einem solchen Flop auf das rettende Ass und denken nicht in Outs oder Wahrscheinlichkeiten. Auch dürften sich kleine Pärchen wie 88, 99 oder sogar 33 hier in die Action mit einschalten. Anfänger verteidigen selten Ihre Blätter auf dem Flop, sondern callen alle Runden durch und möchten dann gerne beim Showdown ihre tollen Karten zeigen. Wenn ich als Spieler den Tisch in dieser Situation so einschätzen kann, und demnach zwei weitere Caller in meine Implied Odds integriere, bekomme ich plötzlich 15 BB für meinen Einsatz von 3 BB. Das entspricht einem Verhältnis von 5 zu 1, was einen Call mit 1 zu 4,88 Odds rechtfertigen würde.

Antworten Teil 3 - Bieten in den einzelnen Runden

Antwort 9a):

Sie haben hier das Top Pair getroffen mit einem akzeptablen Kicker, und Sie haben gleichzeitig einen Backdoor Flush Draw Kreuz. Schauen wir uns einmal an, wo Sie realistischerweise stehen dürften mit diesem Blatt: Es ist nicht allzu wahrscheinlich, dass einer der anderen Spieler einen Buben mit einem besseren

Kicker hat, da dies ein recht aggressiver Tisch ist und viele Spieler mit KJ oder AJ eher raisen würden. Der hohe Anfängeranteil am Tisch gibt dafür zwar leider keine wirkliche Garantie, aber es ist sehr gut möglich, dass Sie hier z.Z. das beste Blatt halten. Wenn Sie jetzt also checken, und einer der loose-aggressiven Spieler einen Bet macht, wissen Sie nicht woran Sie sind. Wenn Sie allerdings bieten, werden voraussichtlich nur die Spieler mit einem Herz Flush Draw, einem kleineren Buben oder ein Drilling 8er bzw. 6er mitgehen. Für das Spiel in den weiteren Runden ist diese Eingrenzung von großer Bedeutung.

In jedem Fall ist hier also ein Raise von ½ bis ¾ Potgröße die richtige Wahl!

→ Sie raisen um 4 BB, MP3 callt, alle anderen folden. Pot: 14 BB

Antwort 9b):

Mit dem Kreuz Ass haben Sie jetzt eine Overcard auf dem Tisch liegen und somit ist Ihr Bubenpärchen ein wenig geschwächt. Dass Ihr Gegner AJ, A8 oder A6 hat, ist recht unwahrscheinlich nach dem, wie er bisher gespielt hat. Es könnte maximal sein, dass er ein Herz Ass mit kleinem Kicker (z.B. Herz Zehn) hält und nach dem Flop aufgrund seines Flush Draws gecallt hat, oder dass er hier einen Drilling slow spielt. Das Kreuz Ass verhilft Ihnen zum Flush Draw Kreuz und demnach sollten Sie auch hier einen Bet von knapp halber Potgröße machen, um zu sehen, wo Sie sich befinden.

→ Sie raisen um 6 BB, MP3 callt. Pot: 26 BB

Antwort 9c):

Die Pik Zehn vervollständigt Ihren Flush Draw leider nicht, allerdings auch nicht den Herz Flush Draw. Sie haben ein Paar Buben mit Dame Kicker als Endhand. Da Sie in den letzten Runden der Aggressor waren, sollten Sie hier trotzdem nicht checken! Für einen erfahrenen Spieler wäre das eine Einladung zum Bluff und Sie müssten evtl. folden. Also sollten Sie hier einen ValueBet von ca. 1/3 Potgröße machen. Wenn Ihr Gegner wirklich den Drilling hat, ist das Gebot niedrig genug, um einen Reraise zu provozieren. Wenn er den Flush Draw Herz hatte und kein Pärchen getroffen hat, wird er hier sowieso jedes Gebot folden, und wenn er ein kleineres Pärchen haben sollte, stellt ein Gebot in dieser Höhe ihn vor eine schwierige Situation. Und den Gegner vor unangenehme Entscheidungen zu stellen, ist immer erstrebenswert beim Poker!

→ Sie raisen um 8 BB, MP3 überlegt etwas, callt dann aber und zeigt KhTh. Sie gewinnen den Pot in Höhe von 42 BB.

Fazit Beispielhand 9:

Mit der Höhe Ihrer Gebote haben Sie Ihren Gegner in jeder Runde vor eine schwierige Entscheidung gestellt. Nach dem Turn hat er einen Fehler gemacht, indem er gecallt hat. Ihr 6 BB Bet hat ihm Pot Odds von 3,33 zu 1 gegeben. Mit seinem Flush Draw hätte er hier klar folden müssen. Als sein Flush Draw auch nach dem River nicht gekommen ist, war Ihr 8 BB Bet nicht so hoch, dass er hier bei einem Pot von 34 BB mit einem guten Gefühl hätte folden können! Hätten Sie hier erneut ½ Potgröße geboten, wäre ihm der Fold leicht gefallen.

Sie haben in dieser Hand Ihren Gegner erfolgreich in jeder Runde vor unangenehme Entscheidungen gestellt und ihn zu mindestens einem Fehler gedrängt. Selbst wenn mit der Riverkarte statt der Pik Zehn ein Pik König gekommen wäre, und Sie die Hand dadurch verloren hätten, würden Sie auf Dauer mit dieser Spielweise gegen diesen Gegner viel Geld gewinnen.

Antwort 10):

AK sieht zwar vor dem Flop immer sehr gut aus, benötigt aber immer Hilfe von den Community Cards (im Gegensatz zu Pärchen). Sie haben hier nur „High Card Ace" und müssen sich anhand des Gebots einmal Ihre Pot Odds anschauen: Ihnen helfen in dieser Situation die verbleibenden 3 Könige und die 3 Asse. Diese 6 Outs entsprechen Odds von 1 zu 6,83. Die Pot Odds von 4,5 zu 1, die Ihnen Ihr Gegner gibt, sagen hier eindeutig: Fold!

→ Sie folden. Ihr Gegner gewinnt den Pot in Höhe von 9 BB.

Antwort 11a):

Auch wenn Sie noch recht wenige Informationen über die Spieler haben, ist das Bietverhalten Ihrer Gegner hier ziemlich schwach. Bei einem Pot von 24,5 BB nur 3 BB zu bieten, lässt bei UTG auf jeden Fall auf einen Anfänger schließen: ein professioneller Continuation Bet wäre hier mindestens 12 BB gewesen! Das ist zwar eine gute Nachricht, weil Sie dadurch evtl. recht günstig die nächste Karte zu sehen bekommen könnten, aber die schlechte Nachricht lautet: Sie haben keine Ahnung, wo Sie hier stehen! Auch der Call von MP1 gibt keine Information über dessen Hand preis... Sie müssen also mit dem arbeiten, was Sie haben. Ohne das Ass auf dem Flop wäre hier ein starker Raise angebracht, der wahrscheinlich direkt die Hand beenden würde. Das Ass ist allerdings ein Problem. Bei 3 Gegnern hat mindestens einer ziemlich sicher ein Ass. Sie können also nur auf den dritten König oder den Backdoor Flush Draw Karo bauen. Das entspricht 3 Outs. Wenn der BB nicht gerade check-raise spielt, bekommen Sie allerdings hier die Chance auf einen 33,5 BB Pot mit 3 BB Einsatz, was Implied Pot Odds von 11 zu 1 entspricht! An einem Profitisch wäre das knapp zu wenig für einen Call mit 3 Outs, an einem solch schwachen Tisch ist der aber vertretbar, weil Sie ähnlich gute Implied Odds mit der nächsten Karte bekommen dürften: bei einer kleinen Karte auf dem Turn könnte die Bietrunde genauso schwach verlaufen.

→ Sie callen, BB callt auch. Pot: 36,5 BB.

Antwort 11b):

Die Turnkarte ist mehr als günstig für Ihre Hand: Sie haben einen Nut Flush Draw und somit theoretisch 9 Outs auf die beste Hand. Allerdings hat der Bube auf dem Turn für wesentlich mehr Action gesorgt als der Flop, so dass evtl. einer der Spieler bereits einen fertigen Flush oder auch einen Flush Draw hat. Sie sollten sich Ihre Pot Odds hier einmal genau anschauen: Wenn Sie für Ihren Flush Draw normalerweise 9 Outs zählen können, würde ich hier maximal 8 Outs zählen, weil mindestens ein Karo bei einem der plötzlich so aktiven Gegner sitzen dürfte. Der Bube könnte auch JJ oder KJ weitergeholfen haben, an einem solch schwachen Tisch muss man auch mit JT rechnen. Sollte noch keiner der Spieler einen fertigen Flush haben, könnte Ihnen auch nach wie vor ein weiterer König zur besten Hand verhelfen. Diesen Outs würde ich allerdings maximal noch die Hälfte an Gewinnwahrscheinlichkeit geben, also: 1 Out. Insgesamt landen Sie hier also bei 9 Outs bzw. 1 zu 4,11. Bei Pot Odds von 5,65 zu 1 ist das ein einfacher Call. Etwas unglücklich ist, dass BB und UTG noch auf den Raise von MP1 reagieren müssen. Wenn BB hier z.B. einen großen Reraise macht, wäre das sehr schlecht für Ihre Pot Odds. Diese Überlegung würde aber keinen Fold rechtfertigen, also sollten Sie beim Call bleiben und hoffen, dass beide Spieler nur callen und mit der nächsten Karte Ihr Flush kommt.

→ Sie callen, BB callt, UTG callt. Pot: 96,5 BB.

Antwort 11c):

Leider ist weder Ihr Flush, noch Ihr Drilling Könige zustande gekommen, Sie haben ein Paar Könige als Endhand. Sie stehen u.a. einem möglichen Flush und einem möglichen Paar Asse gegenüber. Da Sie auch nicht der Aggressor in den Runden zuvor waren und der 30 BB Bet von BB relativ hoch ist, sollten Sie hier folden.

→ Sie folden, BB zeigt 8d9d, MP1 zeigt JJ. BB gewinnt den Pot in Höhe von 156,5 BB mit einem Flush Karo.

Fazit Beispielhand 11:

Auch wenn es häufig ärgerlich erscheint, dass man so viel Geld in einen Pot investiert hat, haben Sie am River mit dem Fold definitiv Geld gespart, denn Sie waren dort mit großer Wahrscheinlichkeit geschlagen. Viele Anfänger können sich nur sehr schwer von einem solchen Pot bzw. von so gut anmutenden Königen auf der Hand trennen. Doch genau hier trennt sich die Spreu vom Weizen: gut gewinnen ist nicht allzu schwer, gut verlieren aber zeichnet einen Profi aus! Und je mehr Sie lernen, die einzelne Situation korrekt zu bewerten, desto geringer wird langfristig Ihr Schaden mit einem zweitbesten Blatt werden, und desto erfolgreicher werden Sie langfristig als Pokerspieler abschneiden…

Kapitel 9

Schlusswort & Anhang

„There is more to poker than life."

-- Tom McEvoy

Schlusswort

Ich hoffe, ich konnte in diesem ersten Band von „TEXAS HOLD'EM POKER MIT SYSTEM“ einige Einblicke in die verschiedenen Aspekte des Texas Hold'em Pokerspiels geben.

Ich möchte Ihnen auf jeden Fall empfehlen, dieses Buch nicht nur einmal zu lesen, sondern - im Abgleich mit Ihrem Spiel - immer wieder aufs Neue nachzuschlagen, um einzelne Artikel zu verstehen, die Ihnen vielleicht beim ersten Lesen nicht zu 100% klar waren.

Bevor Sie sich allerdings mit dem zweiten Band von „TEXAS HOLD'EM POKER MIT SYSTEM“ auseinandersetzen, sollten Sie sich und Ihrem Pokerspiel einiges an Entwicklungszeit geben!

Denn es gibt bei aller Theorie keine bessere Möglichkeit Poker zu lernen, zu beherrschen und sich zu verbessern als... ZU POKERN! Die Praxis ist Ihr bester Lehrer und Sie werden die besten Lektionen erlernen, indem Sie spielen, spielen, spielen und nach jeder Session Ihr Spiel analysieren: Wo haben Sie gut gespielt (z.B. das gute, aber zweitbeste Blatt weggeworfen) und wo haben Sie schlecht gespielt (z.B. sich an Ihre Asse geklammert, obwohl offensichtlich der Flush auf dem Tisch lag!)

Sie werden aller Wahrscheinlichkeit nach die üblichen Ups und Downs beim Pokern genauso durchleben, wie jeder andere Pokerspieler auch. Mal verdient man an einem Tag (oder in einer Woche) so richtig viel Geld und kann sich ordentlich was auszahlen, mal verliert man etwas und muss sich Geld in den nächsten Sessions wieder einspielen.

Sie werden sicherlich auch hier und da mal einen Bad Beat kassieren (also z.B. mit AA gegen 39 verlieren), dadurch evtl. sogar tilten und durch den Tilt wiederum weiteres Geld verlieren. Und dann werden Sie wiederum Tage haben, an denen scheinen Sie mit jedem Blatt zu gewinnen, egal was Sie spielen.

Aber egal wie Ihre Sessions verlaufen und welche Höhen und Tiefen sie haben, eine Sache ist immer von großer, entscheidender Bedeutung: Langfristig gewinnen kann man nur mit einer soliden und gut durchdachten Strategie und mit sehr viel Erfahrung, Glück und Pech gleichen sich auf Dauer aus.

Die Basis für Ihre Strategie sollte Ihnen dieses Buch gegeben haben.

Die Erfahrungen müssen Sie selber machen.

Eike Adler

Anhang

Poker Glossar

Ace High	Blatt mit nur einem Ass als höchste Karte
Ace Rag	Ass plus kleine Karte (z.B. Ass 4)
Action	Ein Spiel in dem viel erhöht und gecallt wird
Aggressive	Ein Spieler, der stark erhöht, wenn er ein gutes Blatt hat
All-In	Der Einsatz aller Chips, die vor dem Spieler auf dem Tisch sind
American Airlines	Zwei Asse auf der Hand als Startblatt
Ante	Ein kleiner Mini-Einsatz, den jeder Spieler am Tisch bringen muss. Häufig bei Stud oder bei Hold'em Turnieren
AXs	Ass plus beliebige andere Karte, wobei beide das selbe Symbol haben
AXo	Ass plus beliebige andere Karte, wobei beide unterschiedliche Symbole haben
Bad Beat	Wenn man mit einem ursprünglich besseren Blatt noch verliert (z.B. mit zwei Assen gegen zwei Buben, weil ein dritter Bube aber kein Ass mehr kam)
BB	Big Blind Position aber auch Big Blind Einsatz (Chips)

Bet	Ein Einsatz in einer Bietrunde
Big Bet	Der große Minimaleinsatz (bei Fixed Limit in den letzten beiden Bietrunden)
Big Blind	Der große Einsatz, der vor der Verteilung der Karten getätigt wird. Als Big Blind bezeichnet man aber auch die Person, die in der jeweiligen Runde auf der Big Blind Position sitzt
Bluff / bluffen	Ein Einsatz, der nicht auf guten Karten beruht sondern auf der Täuschung gute Karten auf der hand zu haben
Board Cards	Die Gemeinschaftskarten, die beim Hold'em von allen Spielern zur Bildung ihres Blattes genutzt werden
Bottom Pair	Ein Pärchen, das aus der niedrigsten Karte der Board Cards und einer eigenen auf der Hand gebildet wird
Break	Pause (z.B. in einem Turnier)
Bubble (boy)	Die letzte Person in einem Turnier, die nicht mehr auf einen der bezahlten Plätze gekommen ist.
Bullets	Zwei Asse auf der Hand als Startblatt
Burn	Die oberste Karte vor der Verteilung von Flop, Turn und River wird weggelegt. Eine Poker-Tradition, die heute keine Bedeutung mehr hat
Button	Die Position des Kartengebers. Bei Online- und Casinospielen, wo kein Spieler die Karten verteilt, geht diese Position reihum, gekennzeichnet durch einen sog. Dealer-Button (D)

Buy-In
Der Einsatz, um an einem Turnier teilnehmen zu können, bzw. beim Cash-Game das Geld, das man mit an den Tisch nimmt

Call / callen
Einen anderen Einsatz durch einen gleichwertigen Einsatz mitgehen

Calling Station
Ein Spieler, der ständig mitgeht

Cap
Wenn man beim Limit-Spiel die maximale Anzahl an Erhöhungen (meistens 4) macht

Cash Game
Einfaches Pokerspiel, bei dem der Spieler jederzeit an den Tisch heran und wieder gehen kann (im Gegensatz zum Turnier)

Check / checken
Wenn vor einem Spieler noch kein Gebot gemacht wurde und er selber auch keins macht (geht aufgrund der Blinds nur nicht vor dem Flop!)

Check-Raise
Wenn ein Spieler erst checkt und dann bei einem Gebot eines Spielers hinter ihm dieses wiederum erhöht

Community Cards
Die Gemeinschaftskarten, die beim Hold'em von allen Spielern zur Bildung ihres Blattes genutzt werden

Connected
Wenn zwei Karten aufeinander folgend sind (z.B. Zehn + Bube, oder 5 + 6)

Continuation Bet
Wenn man regelmäßig nach dem Flop bietet, selbst wenn man nichts getroffen hat. Beim No-Limit sollte der Continuation Bet 50-60% der Potgröße betragen.

Cowboys
Zwei Könige auf der Hand als Startblatt

Cut-Off	Die Position vor dem Dealer
Dealer	Die Position des Kartengebers. Bei Online- und Casinospielen, wo kein Spieler die Karten verteilt, geht diese Position reihum, gekennzeichnet durch einen sog. Dealer-Button (D)
Dominated	Eine hand wird von einer anderen dominiert ("dominated"), wenn z.B. beide die gleiche hohe Karte aber unterschiedliche zweite Karten haben. z.B. ist König + Zehn dominated von König + Dame
Double Up	Wenn man seinen Chipstapel verdoppelt durch ein All-In
Down Card	Die zwei verdeckten Karten, die jeder Spieler zu Anfang ausgeteilt bekommt
Downswing	Pechsträne
Draw	Eine Hand, die noch eine weitere Karte benötigt: z.B. 6789 benötigt noch eine 5 oder eine 10 zur Straße
Drawing Dead	Eine Hand, die zwar noch eine weiter Karte zur Verbesserung benötigt, die aber selbst im Fall der Verbesserung verliert (z.B. der Flush Draw, wenn der Gegner aber schon ein Full House hat)
Early Position	Die drei ersten Positionen nach dem Big Blinds
Family Pot	Wenn alle Spieler am Tisch mitgehen und den Flop zu sehen bekommen
Fifth Street / River	Die fünfte der Community Cards

Fish	Ein schlechter Spieler, der oft und viel verliert
Fixed-Limit	Spiel mit festgelegten Mindest- und Maximal-Einsätzen
Flop	Die ersten drei Karten der Community Cards
Flush	5 Karten mit dem selben Symbol
Flush Draw	4 Karten mit dem selben Symbol
Fold / folden	Wenn man einen Einsatz passt, ihn also weder mitgeht noch erhöht
Fold Equity	Die Wahrscheinlichkeit, dass ein oder alle Spieler nach einem folden, also passen
Four of a Kind	4 gleiche Karten
Fourth Street	Die vierte der Community Cards, auch als Turn bezeichnet
Free Card	Wenn man eine weitere Karte zu sehen bekommt, ohne dass Einsätze getätigt werden
Freeroll	Ein Turnier ohne Buy-In
Full House	Ein Drilling plus ein Paar
Fullring	Ein Spiel mit mehr als 6 Spielern am Tisch
Gutshot	Eine Straße, der noch eine Karte in der Mitte fehlt, z.B. 4568
Heads-Up	Wenn nur noch zwei Spieler im Spiel sind

Hold'em	Spielvariante des Poker
Hole Card	Die Gemeinschaftskarten, die beim Hold'em von allen Spielern zur Bildung ihres Blattes genutzt werden
Hourly Rate	Die Gewinnrate, die man durch das Pokerspiel erlangt pro Stunde
Implied Odds	Pot Odds unter Einbeziehung der noch zu erwartenden Gebote in der Runde
In the money	Wenn man es in einem Turnier schafft, unter die ersten Spieler zu kommen, deren Platzierungen bezahlt werden. Bei Turnieren mit vielen Spielern kann auch schon mal der 200. Platz „ins Geld" kommen
Kicker	Die zweite Karte auf der Hand, die nicht zum gewerteten Endblatt (also Pärchen, Drilling o.ä.) gehört, aber den Ausschlag über den Sieg geben kann
Ladies	Zwei Damen auf der Hand als Startblatt
Late Position	Die Positionen des Dealer und des Cut-Off werden als spät oder „late" bezeichnet
Limit Poker	Spiel mit festgelegten Mindest- und Maximal-Einsätzen
Limp In / limpen	Wenn ein Spieler vor dem Flop nur den Big Blind mitgeht und nicht erhöht
Limp Raise	Wenn ein Spieler einen Limp In macht und nachdem ein Spieler nach ihm eine Erhöhung gemacht hat, selber diese Erhöhung erneut erhöht (lässt meistens auf

	zwei Asse schließen)
Loose	Ein Spieler, der sich sehr viele Flops anschaut und häufig mitgeht
Maniac	Ein Spieler, der ständig erhöht, auch wenn er kein gutes Blatt hat
Middle Position	Die drei Positionen vor dem Cut-Off
Muck	Der Bereich beim Dealer, an den die Karten kommen, die nicht gezeigt werden sollen (die verworfenen Spielerkarten und die Burn-Karten)
Nuts	Die bestmögliche Hand am Tisch
Offsuit	Karten, die nicht das selbe Symbol haben
Open-Ended Straight Draw	Eine unvollständige Straße, die von zwei Seiten vervollständigt werden kann (z.B. 5678, jede 4 und jede 9 macht die Straße)
Outs	Die Anzahl an Karten im verbleibenden Kartendeck, die dem Spieler zur Verbesserung seiner Hand verhelfen
Overpair	Ein Paar auf der Hand, das größer ist als alle Karten der Community Cards
Pair	Ein Paar
Passive	Ein Spieler, der auch gute Hände nur schwach oder gar nicht bietet sondern eher Erhöhungen mitgeht
Play Money	Spielgeld

Pocket Pair	Ein Paar auf der Hand als Startblatt
Pocket Rockets	Zwei Asse auf der Hand als Startblatt
Pockets / Pocket Cards	Die zwei verdeckten Karten, die jeder Spieler zu Anfang ausgeteilt bekommt
Position	Der Platz auf dem sich ein Spieler befindet im Verhältnis zu den anderen Spielern
Pot Odds	Die Wahrscheinlichkeit, eine Hand zu bekommen in Relation zum Geld in der Mitte und dem zu tätigenden Einsatz
Pre-Flop	Alles was vor dem Auslegen des Flop passiert
Rags	Kleine Zahlenkarten, z.B. 3 oder 7
Raise / raisen	Erhöhen
Rake	Gebühr, die vom Pokerraum bzw. Casino erhoben wird
Re-Buy	Wenn man bei einem Turnier alle Chips verliert, kann man bei einigen durch die erneute Bezahlung des Buy-Ins damit wieder ins Turnier einsteigen und bekommt wieder die Anfangsanzahl an Chips
Reraise / Reraisen	Wenn man eine Erhöhung erneut erhöht
Ring Game	Sh. Cash-Game
River / Fifth Street	Die fünfte der Community Cards
Rock	Ein tight-passiver Spieler, der nur wenige Hände spielt und wenig erhöht

Rockets	Sh. Pocket-Rockets
Royal Flush	Zehn+Bub+Dame+König+Ass von einer Farbe
Runner	Eine oder mehrere Karten, die eine Verliererhand doch noch zu einer Siegerhand gemacht haben
SB	Small Blind
Scare Card	Aufgedeckte Karten, die alle hoch und / oder gepaart sind und somit Schrecken (Scare) bei allen Spielern auslösen können
Semi-Bluff	Ein halber Bluff, be idem noch die Chance besteht, dass man eine Siegerhand bekommt
Set	Ein Drilling mit Paar auf der Hand
Shark	Ein Profispieler
Short Stack	Wenn man nur noch wenige Chips vor sich auf dem Tisch hat
Shorthanded	Ein Spiel mit 6 Spielern oder weniger am Tisch
Showdown	Wenn nach dem River die Karten auf gedeckt werden
Sidepot	Wenn ein Spieler All-In geht und danach noch weitere Gebote getätigt werden, gehen diese in den Sidepot
Sign up Bonus	Geld, das man von einem Pokeranbieter geschenkt bekommt, wenn man ein Echtgeldkonto eröffnet
Sit and Go / SNG	(Mini-) Turniere, die starten sobald eine bestimmte Anzahl an Mitspielern erreicht ist

Skill	Fähigkeit
Slowplay	Wenn man durch vorsichtiges Spiel vorgibt, keine gute Hand zu haben, obwohl man eine extrem gute Hand hat
Small Bet	Der Minimumeinsatz in den ersten beiden Bietrunden beim Fixed Limit
Small Blind	Der kleine Einsatz, der vor der Verteilung der Karten getätigt wird. Als Small Blind bezeichnet man aber auch die Person, die in der jeweiligen Runde auf der Small Blind Position sitzt
Stack	Chipstapel, den der Spieler am Tisch hat
Stone Nuts	Die unschlagbar beste Hand
Straight	Straße (z.B. A2345)
Straight Flush	Straße mit demselben Symbol
Suckout	Wenn man mit ursprünglich schlechteren Karten vor dem Flop dennoch gewinnt
Suit	Farbe (Pik, Kreuz, Herz, Karo)
Suited	Karten derselben Farbe
Suited Connector	Zusammenliegende Karten derselben Farbe
Three Bet	Reraise beim Fixed Limit
Three of a Kind	Ein Dilling
Tight	Wenn man nur wenige Startblätter spielt

Tilt / tilten	Wenn ein Spieler (meist weil er mehrmals hintereinander unglücklich verloren hat) emotional und unkonzentriert spielt
Time Bank	Die verlängerte Zeit, die man zum Überlegen hat
Trips	Ein Dilling mit Paar auf dem Tisch
Turn	Die vierte der Community Cards, auch als Fourth Street bezeichnet
Two Pair	Zwei Pärchen
Under the Gun / UTG	Die Position, die nach dem Big Blind kommt.
Unsuited	Karten, die nicht die selbe Farbe haben
Upswing	Glücksträne
ValueBet	Ein Gebot, dass niedrig genug ist, so dass eine mittelmäßige, gegnerische Hand noch mitgeht und somit weiteres Geld in den Pot wirft.

Poker Abkürzungen

A	Ass
AI	All-IN
ATC	any two cards / x-beliebige zwei Karten
Ax	As mit kleiner Beikarte
BB	Big Blind
BSB	Button, Small Blind, Big Blind
c	clubs / Kreuz
CO	Cut-Off
d	diamonds / Karo
EP	Early position
EPT	European Poker Tour
EV	expected value / Erwartungswert
g1	good one / gut gespielt
gg	good game / Wünsche ein gutes Spiel
gl	good luck / Viel Glück!
h	hearts / Herz

HU	Heads-Up / 1 gegen 1
ITM	in the money
J	Bube, Junge
K	König
lag	loose aggressive
lh	lucky hand / Nur mit Glück gewonnen!
LP	Late Position
MP	Middle Position
MTT	Multi Table Tournament
n1	nice one
nh	nice hand / gutes Blatt
NL	No-Limit
o	offsuit / verschiedene Farben
OOP	out of position / nicht in Position
Q	Queen / Dame
PFR	Preflop-Raise
PL	Pot Limit
ROI	return of investment / Rendite

s (z.B. bei AsJh)	spades / Pik
s (z.B. bei AJs)	suited / in einer Farbe
SB	Small Blind
SNG	Sit$Go Turniere
STT	Single Table Tournament
T	Zehn
tag	tight aggressive
ty	thank you
UTG	under the gun
vnh	very nice hand / Super-Blatt
WPT	World Poker Tour
WSOP	Die World Series Of Poker, das jährlich in Las Vegas stattfindende, größte Pokerturnier der Welt

Positionen

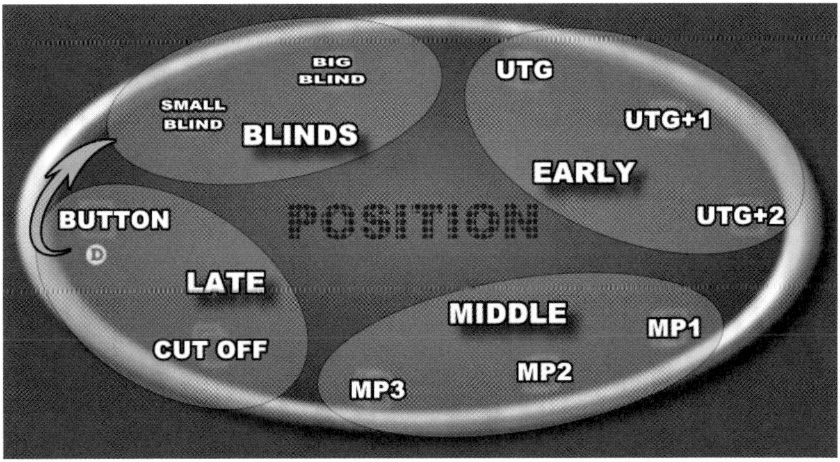

BUTTON	Position des Gebers, wechselt nach jeder Runde im Uhrzeigersinn weiter, gilt als späte Position
BLINDS	Die Blindeinsätze, die vor dem Verteilen der Karten gemacht werden müssen. In Turnieren steigen die Blinds mit der Zeit an.
UTG	„Under the Gun": die erste Person, die vor dem Flop einen Einsatz machen muss bzw. kann
MP	Mittlere Positionen
CUT OFF	die andere späte Position vor dem Button

Pre-Flop-Strategie

Kategorie	Hand		EARLY	MIDDLE	LATE	SB/BB
Kat. 1	AA KK QQ AKs	A	**Raise**	**Raise**	**Raise**	**Raise**
		B	**Reraise**	**Reraise**	**Reraise**	**Reraise**
Kat. 2	AK AQs JJ TT	A	**Raise**	**Raise**	**Raise**	**Raise**
		B	Call	**Reraise**	**Reraise**	Call
Kat. 3	AQ AJs 99 88	A	Open	Open	Open	Call
		B	*Fold*	*Fold*	*Fold*	*Fold*
Kat. 4	AJ AXs KQs 77 - 55 (98s, 87s, 76s, 65s, 54s, 43s, 32s)	A	*Fold*	Open	Open	Call
		B	*Fold*	*Fold*	*Fold*	*Fold*
Kat. 5	AT KQ KJs QJs 44 - 22	A	*Fold*	*Fold*	Open	Call
		B	*Fold*	*Fold*	*Fold*	*Fold*

Erläuterungen:

„A“	1. Durchgang der Bietrunde, wenn max. einmal geraist wurde
„B“	2. Durchgang der Bietrunde (nach einem Reraise) oder wenn schon 2mal geraist wurde
Raise	Wenn der Pot noch nicht erhöht wurde, dann einen Raise machen! Wenn der Pot bereits einmal erhöht wurde, dann das Gebot wiederum erneut erhöhen (bei 2 Erhöhungen → Spalte B).
Reraise	Wenn das eigene Gebot erhöht wurde, danach selber erneut erhöhen!
Open	In einem ungeraisten Pot raisen, sonst max einen kl. Raise callen
Call	Hier nur callen, wenn mind. das 4fache des zu erbringenden Gebotes bereits im Pot / oder noch zu erwarten sind.

Aufbau einer Bankroll mit Fixed Limit Cash-Games

Ø BANKROLL*	SPIELBARE LIMITS	TABLE BUY IN	LIMIT-AUFSTIEG MAX. AB	LIMIT-ABSTIEG MIND. AB
$50	$0.05/0.10	$2.50	$60	-
$75	$0.10/0.20	$5.00	$90	$40
$100	$0.15/0.30	$7.50	$150	$60
$180	$0.25/0.50	$12.50	$300	$90
$350	$0.50/1	$25.00	$600	$150
$700	$1/2	$50.00	$1200	$300
$1200	$2/4	$100.00	$1800	$600
$2000	$3/6	$150.00	$3000	$1200
$3500	$5/10	$250.00	$6000	$1800
$7000	$10/20	$500.00	$9000	$3000

* Die Bankroll- und Limit-Angaben ab $2/4 dienen mehr zur Orientierung und zur Veranschaulichung des Systems! Bereits ab $1/2 spielen die meisten der Spieler fast ausschließlich sog. „shorthanded“ Tische (also mit maximal 6 Spielern), was eine reichlich andere Taktik und ein etwas anderes Bankroll Management erfordert. Darauf werde ich genauer in Band 2 eingehen.

Richtlinien fürs Bieten
vor und nach dem Flop beim NL Hold'em

1) Vor dem Flop
- Das Dreifache des Big Blinds plus 1 BB pro Limper/Caller
- Bei einem Raiser das Dreifache des Raises Reraisen oder folden

2) Nach dem Flop
- „Continuation Bet" von 1/2 Potgröße bei weniger als 4 Spielern in der Hand
- „Hand schützen" (z.B. vor Flushes, Straights oder Overcards) durch Bet von ¾ bis 1/1 Potgröße

Häufige Wahrscheinlichkeiten

AK in den Pockets trifft A oder K bis zum River	48%	~1 : 1
QQ in den Pockets gewinnt gegen AK	52%	~1 : 1
Zwei Paare werden zu einem Full House	17%	5 : 1
Drilling wird zu einem Full House oder Vierling	37%	3 : 2
Ein Pocket Pair wird zum Drilling im Flop	12%	7 : 1
Ein Pocket Pair wird zu Drilling nach dem Flop	9%	10 : 1
Zwei Suited Pocketkarten treffen zwei weitere passende suited Karten im Flop	11%	8 : 1
Zwei Over Cards am Flop werden zum Paar im River	26%	3 : 1
Ein Flush kommt durch 4te suited im Turn und 5te suited Karte im River (Backdoor Flush)	4%	23 : 1
Eine Straight kommt durch Turn und River (Runner Runner Straight)	1,5%	67 : 1
Ein Pocket Ass trifft ein weiteres Ass im Turn oder River	13%	7 : 1

Odds Liste

	Flop> Turn		**Turn> River**		**Flop> River**	
Outs	%	x:1	%	x:1	%	x:1
1	2,13	46,00	2,17	45,00	4,30	22,50
2 (Pocket Pair→ Drilling)	4,26	22,50	4,35	22,00	8,40	10,88
3	6,38	14,67	6,52	14,33	12,50	7,01
4 (Gut-shot Straight Draw)	8,51	10,75	8,70	10,50	16,50	5,07
5 (Low Pair→ Double Pair oder Drilling)	10,64	8,40	10,87	8,20	20,40	3,91
6 (Zwei Overcards)	12,77	6,83	13,04	6,67	24,10	3,14
7	14,89	5,71	15,22	5,57	27,80	2,59
8 (Open-ended Straight Draw)	17,02	4,88	17,39	4,75	31,50	2,18
9 (Flush draw)	19,15	4,22	19,57	4,11	35,00	1,68
10	21,28	3,70	21,74	3,60	38,40	1,60
11	23,40	3,27	23,91	3,18	41,70	1,40

12 (Flush Draw mit Overcard)	25,53	2,92	26,09	2,83	45,00	1,22
13	27,66	2,62	28,26	2,54	48,10	1,08
14	29,79	2,36	30,43	2,29	51,20	0,95
15 (Flush Draw mit 2 Overc.)	31,91	2,13	32,61	2,07	54,10	0,85
16	34,04	1,94	34,78	1,88	57,00	0,75
17	36,17	1,76	36,96	1,71	59,80	0,67
18	38,30	1,61	39,13	1,56	62,40	0,60
19	40,43	1,47	41,30	1,42	65,00	0,54
20	42,55	1,35	43,48	1,30	67,50	0,48

Sämtliche Listen und Grafiken finden Sie auf

www.poker-mit-system.de

zum Download bzw. zum Ausdruck auf DIN A4.

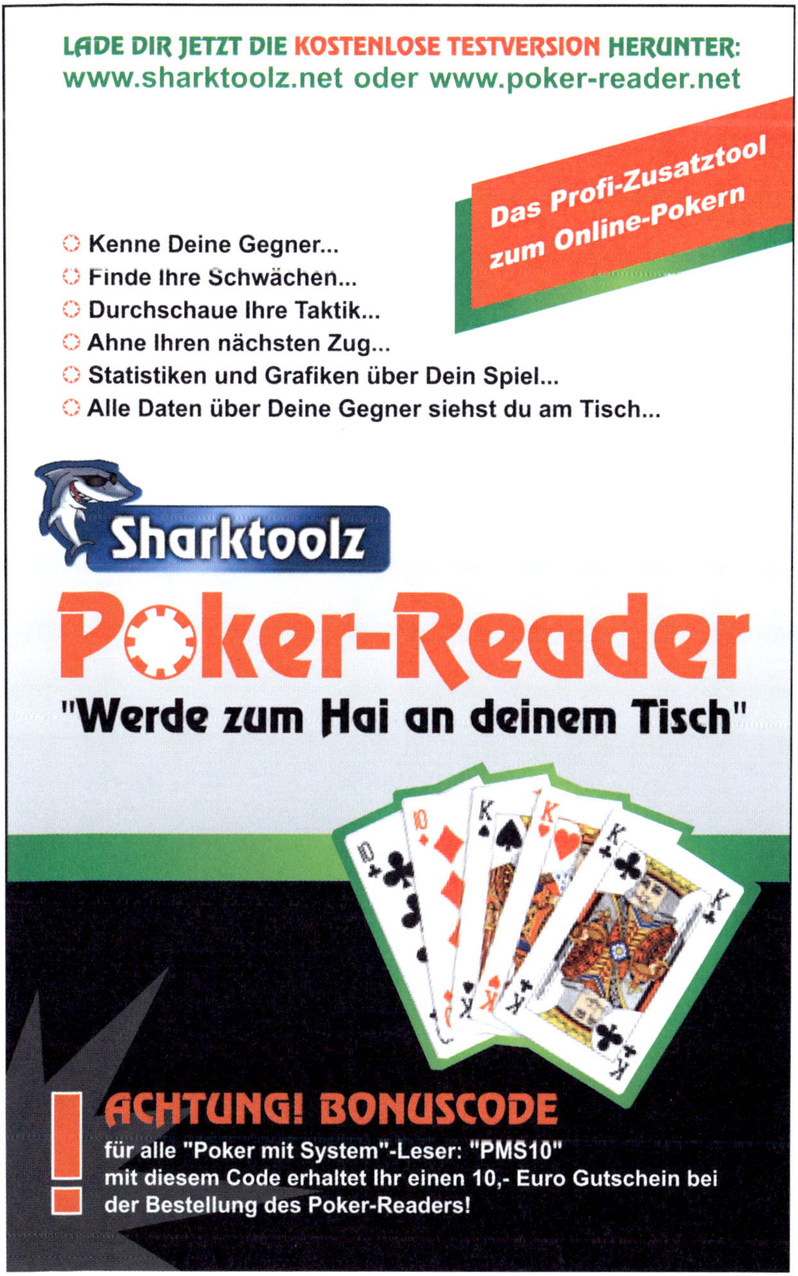
LADE DIR JETZT DIE KOSTENLOSE TESTVERSION HERUNTER:
www.sharktoolz.net oder www.poker-reader.net
Das Profi-Zusatztool zum Online-Pokern
Kenne Deine Gegner...
Finde Ihre Schwächen...
Durchschaue Ihre Taktik...
Ahne Ihren nächsten Zug...
Statistiken und Grafiken über Dein Spiel...
Alle Daten über Deine Gegner siehst du am Tisch...
Sharktoolz
Poker-Reader
"Werde zum Hai an deinem Tisch"
ACHTUNG! BONUSCODE
für alle "Poker mit System"-Leser: "PMS10"
mit diesem Code erhaltet Ihr einen 10,- Euro Gutschein bei der Bestellung des Poker-Readers!

© 2007

zsr
VERLAG